Louis August Wollenweber

Zwei treue Kameraden

Die beiden ersten deuschen Ansiedler in Pennsylvanien. Historische Erzählung.

Louis August Wollenweber

Zwei treue Kameraden
Die beiden ersten deuschen Ansiedler in Pennsylvanien. Historische Erzählung.

ISBN/EAN: 9783743450813

Hergestellt in Europa, USA, Kanada, Australien, Japan

Cover: Foto ©ninafisch / pixelio.de

Manufactured and distributed by brebook publishing software (www.brebook.com)

Louis August Wollenweber

Zwei treue Kameraden

Zwei treue Kameraden.

Die beiden ersten Deutschen Ansiedler in Pennsylvanien.

Historische Erzählung aus der ersten Epoche der deutschen Einwanderer in Pennsylvanien im Jahre 1680,

von

L. A. Wollenweber.
[Der Alte vom Berge.]

Mit Illustrationen von F. Schlitte.

Philadelphia:
Verlag von Jg. Kohler, No. 911 Archstraße.
1880.

Entered occording to Act of Congress, in the year 1880, by
IG. KOHLER,
In the office of the Librarian of Congress, at Washington.

(1)

Erstes Kapitel.
Zwei wackere Gesellen.

Wer bekümmert sich, wenn ich wand're,
Unter dieser Compagnie?
Ist's der Eine nicht, so ist's der Andere,
Wer bekümmert sich, wenn ich wand're?
Morgen geht's in aller früh'.
(Deutsches Wanderlied.)

Im Beginn des Jahres 1680 saßen in einer Herberge der holländischen Seestadt Rotterdam zwei wackere, kräftige junge deutsche Männer in traulichem Gespräche beisammen. Sie schienen über das, was sie besprachen, recht vergnügt zu sein, und man sah in ihren freundlichen Gesichtern, daß es etwas Angenehmes sein müsse.

Der ältere der jungen Männer schien ohngefähr 24 Jahre alt zu sein, war in der freien Reichsstadt Heilbron geboren und hieß **Heinrich Frey**.* Der jüngere, ohngefähr 22 Jahre alt, nannte sich **Joseph Plattenbach** und war in der damals pfälzischen Stadt Bruchsal

---
* Siehe Hallische Nachrichten. Rupp's Geschichte der ersten deutschen Einwanderung von Pennsylvanien.

geboren. Die beiden jungen Leute begegneten sich zuerst in der damals berühmten Stadt C ö l n am Rheinstrom, wo sie sich als Ruderer auf einem Holzfloß verdingten, das mit im Schwarzwald, im badischen Oberland, befrachteten Baumstämmen befrachtet und nach Rotterdam in Holland bestimmt war.

Schon bei ihrer ersten Begegnung fühlten sie sich zu einander hingezogen, und bald war eine treue Freundschaft geschlossen, die, als sie sich die Hände reichten, nur der Tod trennen sollte. Beide arbeiteten auf dem Floß mit gleichem Fleiß und Geschicklichkeit zur großen Zufriedenheit des Capitäns, und war ihnen ein Stündlein Ruhe gegönnt, so saßen sie freundlich beisammen, erzählten von ihren Lieben in der Heimath und beschlossen, wenn sie nach Holland kämen, sich nicht zu trennen und Freud und Leid mit einander zu tragen.

Nach einer Fahrt von fünf bis sechs Tagen hatten sie glücklich Rotterdam erreicht, wurden von dem Capitän des Flosses abgelohnt und kehrten in der Herberge ein, von wo aus meine Erzählung beginnt.

H e i n r i c h F r e y hatte in seiner Vaterstadt Heilbron das Zimmermanns-Handwerk erlernt, und erhielt, als seine Lehrzeit vorüber war und auf die Wanderschaft gehen wollte, von seinem Lehrmeister, sowie von der Polizei der deutschen Reichsstadt die besten Zeugnisse, von seinen Eltern aber, denen er ein guter Sohn war, und die er mit aller Innigkeit liebte und verehrte, den besten Segen, und von seinen Geschwistern aufrichtige Glückwünsche für sein Wohlergehn. Mit wohlbepacktem Felleisen, wie es

(1)

damals der Gebrauch war,* auch etwas Geld in der Tasche, wanderte er dem Rheinstrome zu.

Joseph Plattenbach war bei einem Grobschmied in seiner Vaterstadt Bruchsal in der Lehre gewesen, wo er während seiner ganzen Lehrzeit ein fleißiger und lernbegieriger Mensch war; zugleich auch, wie man damals von einem geschickten Menschen sagte, ein Tausendkünstler, indem er während seiner Freistunden in der Werkstätte zu seinem Vergnügen allerlei kleine, aber doch praktische und nützliche Instrumente verfertigte. Eines seiner Hauptaugenmerke waren die kleinen Schlösser für Kisten und Kasten, welche damals noch sehr spärlich in den Markt kamen. Er verschaffte sich für sein zusammengespartes Geld eines der neuesten Schlösser und Schlüssel dieser Art, die er als Muster bei seinen Arbeiten gebrauchte, aber bald mit bedeutenden Verbesserungen nachzumachen verstand, so daß sein Lehrmeister Jakob Zahn über die Arbeiten ganz erstaunt war und ihm mehr Zeit erlaubte, um sich mit seinen Verbesserungen und neuen Erfindungen besser beschäftigen zu können.

Als seine Lehrzeit vorüber war, arbeitete er noch eine zeitlang bei seinem Meister, aus Liebe und Dankbarkeit, für geringen Lohn; er blieb aber nicht mehr lange in seinem Geburtsort Bruchsal, trotzdem er wegen seiner Geschicklichkeit und guter Aufführung von Jedermann, besonders aber von seinen Eltern, geliebt und geachtet wurde. Er wollte hinaus in die Welt, um sich in seinem Handwerk

---

* Mit einem Felleisen auf dem Rücken kam auch der Schreiber dieser Erzählung im Jahre 1832 in Philadelphia an.

zu verbessern und Land und Leute kennen lernen. — Nachdem er von seinen lieben Eltern und Geschwistern, seinem Meister und Freunden herzlichen Abschied genommen hatte, wanderte er Holland zu, denn auch nach Bruchsal war die Kunde gedrungen, daß Holland jetzt für tüchtige Arbeiter ein Feld sei, auf dem man sich emporschwingen könne.

Heinrich Frey war ebenfalls durch diesen Ruf auf den Weg nach Holland gelockt, und führte so der Zufall die jungen Männer zusammen. Leider wurden sie aber, als sie nach Rotterdam kamen, schrecklich getäuscht, denn sie konnten trotz allem mühsamen Suchen keine Beschäftigung finden, um sich nur zu ernähren. Sie beschlossen daher, wenn sich nicht bald ein Erwerb für sie fände, als Soldaten nach der Insel Batavia anwerben zu lassen, ehe sie ganz verkümmerten.—Doch plötzlich sollte sich die Lage der jungen Männer ändern und wir sehen sie beim Beginn unserer Erzählung vergnügt bei einander sitzen.

Bist du sicher, sagte Frey zu seinem Freund Plattenbach, daß bald ein Schiff von hier nach dem fernen neuen Welttheil Amerika abgehn wird, und bei William Penn's Colonie landen soll, daß den Schiffen Mannschaft fehle, und daß wir mit denselben gegen unsere Arbeitskraft frei dahin kommen können? Gewiß bin ich es, erwiederte Plattenbach, höre nur: Du weißt, ich ging diesen Morgen aus, um einen Laib Brod für uns zu kaufen, da kam ich zu einem Bäckerladen vor welchem ein freundlich aussehender Mann in Bäckerkleidung stand. Dieser muß es mir angesehen haben, daß ich ein Deutscher sei, denn er redete

mich in deutscher Sprache an, frug mich, woher ich komme
und wohin ich wolle, auch was meine Beschäftigung sei 2c.
Als ich ihm auf seine Fragen frei und offen antwortete,
lud er mich ein, mit ihm in seine Stube zu gehen. Hier
sagte ich ihm, daß ich noch einen treuen Freund bei mir
habe, der seines Handwerks ein Zimmermann sei, daß
wir beschlossen, bei einander zu bleiben und Freud und
Leid mit einander zu tragen; keiner von uns, trotz allen
Bemühungen, hätte Beschäftigung finden können, und wä=
ren deßhalb entschlossen, Soldaten zu werden und mit dem
ersten Schiff nach Batavia zu gehen. Um Himmels willen,
lieber Landsmann, ihr habt euch doch noch nicht anwerben
lassen? frug der Bäcker. Als ich ihm erklärte, daß dies
noch nicht geschehen sei, sagte er: Danket den lieben Gott,
daß ihr euch nicht übereilt habt. Nur nicht nach Batavia,
oder nach einer andern holländischen Besitzung in Asien,
denn wenn ihr auch dort lohnende Beschäftigung finden
könnt, so ist es doch sicher und unumstößlich bewiesen, daß
unter hundert Deutschen, welche dort hingewandert sind,
kaum ein Drittheil das Clima vertragen können, die
Uebrigen aber demselben erliegen, und diejenigen, welche
nicht starben, hat das Clima die Gesundheit so zerrüttet,
daß, wenn sie sich auch Hunderttausende erworben, trotz
allem Reichthum nicht mehr froh werden können. Ohne
das Leben genießen zu können, schleichen sie elend und be=
jammernswerth umher. Ich sage euch nochmals, lieber
Landsmann, fuhr der Bäcker fort, wenn euch das Leben
lieb ist, geht nicht nach Batavia, denn dort wird auch der
kräftigste junge deutsche Mann ein Opfer des Todes, oder

zieht sich für sein ganzes Leben ein Siechthum zu von dem er nie wieder geheilt werden kann.

Als ich die Aeußerungen dieses Mannes vernommen und in sein ehrliches Gesicht schaute, da war ich vollkommen überzeugt, daß er es gut mit uns meinte und dankte ich ihm für seinen guten Rath. Nun, fuhr der brave Mann fort, wenn ihr hier keine Beschäftigung finden könnt und in einem fremden Lande euer Glück suchen wollt, so will ich euch einen Rath geben, und wenn ihr denselben befolgt, so seid versichert, daß ihr glücklicher und zufriedener sein werdet, als in den holländischen Besitzungen, wo das ganze Jahr ansteckende Fieber herrschen. Das sind keine Plätze für ein junges, fröhliches deutsches Herz.

Nun hört: Da ihr aus Süddeutschland kommt, werdet ihr gewiß schon von einem Engländer Namens William Penn gehört haben, welcher der Quäker-Religion angehört, und nun auch in Deutschland umherreist, um für seine Sekte Anhänger zu finden, auch um die Leute aufzufordern, in sein schönes Land in Amerika zu wandern, das ihm vom König von England übertragen wurde.* Das Land soll ein sehr großes sein, viele hundert Quadratmeilen enthalten, außerordentlich fruchtbar und nur von wenigen Indianern bewohnt sein, die keinen Ackerbau

---

* Ueber den Besuch von William Penn in Deutschland und Holland hat Herr O. Seidensticker, Professor an der Universität von Pennsylvanien in Philadelphia am 10. Dezember 1877 vor der historischen Gesellschaft eine Vorlesung gehalten. Dieselbe ist im Druck erschienen und von hohem Interesse, besonders für Deutsche.

(1)

treiben und nur von der Jagd leben. Wie man sagt, will
Herr Penn das Land Pennsylvanien nennen und eine
Stadt, zwischen zwei schönen Strömen, dem Delaware und
Schuylkill, anlegen, die **Philadelphia**, oder die Stadt
der Bruderliebe, heißen soll, und dort in Stadt und Land
Niemand wegen seiner religiösen Ansichten verfolgt wer=
den können, jeder kann nach seinem eigenen Ermessen sei=
nem Gott dienen und Niemand darin gestört werden, so
lange er dabei nicht gegen gute Sitten handelt.

Das Land soll, wie es der Ansiedler wünscht, in gewisse
Strecken für billiges Geld verkauft werden. Ein Matrose,
welcher kürzlich von der neuen Ansiedlung zurückkam, er=
zählte mir gestern, daß dieselbe am schönen Delaware Fluß
gelegen und rasch vorwärts schreite; mehrere Blockhäuser
und Bretterhütten wären bereits daselbst gebaut und be=
wohnt, an Baumaterialien fehle es nicht, wohl aber an
sachverständigen Arbeitern; außerdem ein gesundes Clima,
leicht zu bebauenden Boden und alle Arten von Wild und
Fische gebe es in großem Ueberfluß.

Das Schiff Markus, fuhr der Bäcker fort, wozu der
Matrose gehört, liegt jetzt im hiesigen Hafen, nimmt Fracht
für die neue Ansiedlung ein und wird wahrscheinlich in
acht bis zehn Tagen dorthin abgehen. Mit dem Capitän,
Herrn Caspar Sauter, stehe ich in guter Freundschaft,
kenne ihn schon seit mehreren Jahren und bei seiner jedes=
maligen Abfahrt von hier versorge ich ihn immer mit Brod
und Zwieback; er besucht mich öfters. Wollt ihr meinem
Rathe folgen und nach der neuen Ansiedlung in Pennsyl=
vanien reisen, so gebt mir morgen in der Frühe Antwort,

(1)

dann will ich mich für euch bei ihm verwenden. Er ist ein gebildeter Mann, und macht eine große Ausnahme von den so vielen rohen Capitänen.

Ich dankte dem guten Manne für seinen Rath und versprach am andern Morgen wieder zu ihm zu kommen. Als ich ihm das Laibchen Brod bezahlen wollte, weigerte er sich Geld dafür zu nehmen.

Nachdem Plattenbach seinen Bericht beendet, frug er Frey: Mein Bruderherz, was sagst Du dazu? Bruderherz, erwiederte Frey: „Gehst Du nach Amerika, werd' ich doch nicht zurückbleiben; wir haben uns ja das Wort gegeben, einander nicht zu verlassen, sondern Leid und Freud mit einander zu theilen. Mir gefällt der Plan, fuhr Frey fort, doch wollen wir uns die Sache noch reiflich überlegen, denn Amerika ist ein gar weites, unbekanntes Land und dauert die Reise dahin, wie ich vernommen, bei günstigem Wetter oft drei bis vier Monate. Ich sage Dir offen, wenn es dem Winter zuginge, würde ich mich wohl hüten, die weite Reise mitzumachen, doch jetzt geht es der warmen Jahreszeit zu, das Wetter ist nicht so stürmisch, und so können wir es wohl wagen, mit dem Schiffe Markus dahin zu segeln, wenn man uns für unsere Arbeitsleistung mitnehmen will, und Capitän und Steuermann keine Eisenfresser sind und uns menschlich zu behandeln versprechen. Das ist ganz meine Meinung, erwiederte. Plattenbach, wir wollen morgen zu dem guten Bäcker gehen und ihm unsern Beschluß mittheilen.

Nach diesem Gespräch, und nachdem die jungen deutschen Männer ihr Stückchen Brod mit Salz gewürzt verzehrt hatten, gingen sie, da es noch hell am Tage war, nach den Schiffswerften, die sich im Halbmond um die schöne Stadt Rotterdam ziehen, um das Schiff Markus zu suchen, welches sie auch bald fanden, dessen Masten hoch über die andern im Hafen liegenden Schiffe empor ragten und seiner Zeit eines der größten und best gebauten Dreimaster von Rotterdam war. Mit Bewunderung betrachteten die beiden guten Kameraden das stolze Schiff, mit dem sie nach der neuen Welt segeln sollten. Auf dem Schiff und an der Werfte herrschte reges Leben, die Matrosen und Landarbeiter waren fleißig daran, Ballen, Kisten, Fässer und andere Artikel auf den Markus zu bringen. Auf einem erhöhten Punkte des Schiffes stand eine robuste Gestalt mit kupferrothem Gesicht, das Commando gebend, und, wenn hier und da ein Mißgriff geschah, mit derben Flüchen, auch einige Mal mit Rippenstößen begleitete. Wenn dieser Mann der Schiffscapitän oder Steuermann des Markus ist, denn will ich mich doch noch besinnen, ob ich die lange Reise auf dem Markus mitmache, sagte Frey. Ich habe von Reisenden, die nach Heilbron kamen, gehört, daß der Capitän unbeschränkt herrschen darf, und wenn ein solcher Mann auch noch dem Trunk ergeben, wie es jetzt unter den Schiffscapitänen so viele geben soll und wie der dort oben einer zu sein scheint, dann wäre unser Loos ein sehr trauriges, und ich wollte lieber in der Galeere arbeiten, als auf einem solchen Schiffe. Laß das jetzt gut sein, erwiederte Plattenbach, und beängstige dich nicht, morgen gehen wir zu dem Bäcker, der uns gewiß die Wahrheit sagt, was die Befehlshaber des Schiffes betrifft. Mit diesem Vorsatz verließen die jungen Männer die Werfte, eilten ihrer Herberge zu und suchten ihr ärmliches Lager auf, wo sie, von Sorgen gequält, unruhig schliefen, bis der Morgen graute.

Zweites Kapitel.
Ein braver deutscher Mann.

Deutsche Treu und Redlichkeit
Macht uns geltend weit und breit.

Schon in aller Frühe begaben sich die jungen Burschen zu dem Bäcker, um bei ihm genaue Erkundigung über die Abfahrt des Schiffes, über den Charakter des Capitäns und Steuermanns einzuziehen. Sie wurden beide freundlich aufgenommen. Der Bäcker führte sie in ein Hinterstübchen seines Hauses, wo sie sich ungestört unterhalten konnten.

Der brave Bäcker hieß Johannes Kübler, war in Mainz am Rhein geboren und von seinen religiösen Eltern wohl erzogen. Als er sein Bäcker-Handwerk vollkommen erlernt hatte, wanderte er nach Holland, wo er bei dem Bäckermeister Louis Rösch, einem Würtemberger, Beschäftigung fand. Da Kübler ein fleißiger, geschickter, ehrlicher und auch ein schöner junger Mann war, gefiel er dem

Meister und der Meisterin sehr, aber auch ihrem einzigen Töchterlein, und kaum war er ein Jahr in dem Bäckerhause beschäftigt gewesen, so feierte er mit dem Segen der Eltern die Hochzeit mit dem schönen und sittsamen Bäckermädchen. Der schon bejahrte Bäckermeister übergab ihm dann die Bäckerei, welche er mit großem Fleiß und Geschicklichkeit betrieb. Bald, leider, waren seine betagten Schwiegereltern, die er so hoch schätzte und so sorgsam pflegte, in die bessere Welt hinüber gegangen, wo dem Guten keine Sorge, kein Kummer mehr drückt. Kübler wurde ein sehr wohlhabender Mann, der aber niemals den Wahlspruch vergaß:

> Denk in Glück und Herrlichkeit
> Auch an die vergangene Zeit.

Er war ein eifriges Mitglied der deutschen Kirche in Rotterdam, ertheilte Wohlthaten nach besten Kräften, und war es ihm immer ein großes Vergnügen den nach Rotterdam kommenden Landsleuten behilflich zu sein.

Als die beiden jungen Leute mit dem Bäcker in das Hinterstübchen getreten waren und Platz genommen hatten, sahen sie einen kräftigen Mann in den besten Jahren und mit von der Luft gebräuntem Gesicht in einem Sorgenstuhl sitzen, eine lange irdene Pfeife, wie es damals in Holland gebräuchlich war, phlegmatisch rauchend, und sich gar nicht durch den Eintritt des Bäckers mit den jungen Männern stören ließ.

Plattenbach stellte nun seinen Freund Frey dem Bäcker vor, dann verbeugten sich beide vor dem finstern Manne im Sorgenstuhl anständig, worauf Plattenbach begann:

(1)

Lieber Meister, ihr waret so freundlich, uns auf die neue Ansiedlung in Amerika aufmerksam zu machen und habt uns den Rath gegeben, dahin zu gehen, wozu sich jetzt eine gute Gelegenheit böte, da in wenigen Tagen das Schiff Markus dahin abgehe, und daß der Capitän ein sehr braver Mann sei, habt auch die Hoffnung ausgesprochen, daß wir gegen Arbeitsleistung mitgenommen werden könnten. Ich theilte meinem Kameraden euren guten Rath mit, welcher darüber hoch erfreut war, besonders da ihr den Capitän lobtet, ihn als einen tüchtigen Seemann schilbertet, der eine große Ausnahme sei von den vielen rohen Capitänen, welche das Meer befahren. Wir beschlossen, eurem guten Rathe zu folgen und euch diesen Morgen unsern Beschluß mitzutheilen, zugleich euch zu bitten, bei dem Capitän ein gutes Wort für uns einzulegen und ihm zu sagen, wir wollten gerne die uns auf dem Schiffe angewiesene Arbeit verrichten, wenn sie nicht über unsere Kräfte ginge und wir sonst human behandelt würden.

Nach dieser Verabredung waren wir neugierig das Schiff Markus zu sehen, gingen nach dem Werfte und fanden bald das schöne Schiff, mit welchem wir nach Amerika segeln wollten. Dort sahen wir viele Leute am Lande und auf dem Schiffe beschäftigt und hätten jetzt schon gerne mitgeholfen, aber!—hier stockte der Erzähler. Wir sahen auf einem erhöhten Platze des Schiffes einen robusten, mit kupferfarbigem Gesichte und rohen Zügen aussehenden Mann, welcher das Commando über die Arbeiter führte. Dieser Mensch bediente sich bei seinem Commando der gemeinsten Flüche und theilte dabei gar manche Rippenstöße aus, wenn seine Befehle nicht pünktlich ausgeführt wurden. Wenn dieser Mann, den wir gestern auf dem Schiffe gesehen, der Capitän oder Steuermann ist, dann soll uns Gott behüten, mit diesem reisen zu müssen, dann wollen wir lieber in Europa bleiben, als uns in die Gewalt eines so rohen, gottlosen Fluchers zu geben.

Nach diesem Vortrag lächelte der gutherzige Bäcker und bekundete dadurch, daß er mit der Gesinnung der jungen Leute einverstanden sei, der Fremde aber, der bisher so pflegmatisch auf dem Stuhl gesessen, richtete sich plötzlich auf, ging auf Plettenbach zu, musterte denselben von Oben bis Unten und frug dann mit spöttischer Miene, er möchte wohl von einer Landratte, die niemals auf dem großen Weltmeer gewesen, belehrt werden, wie ein Capitän oder Steuermann sich zu betragen hätte, von denen so viel Verantwortlichkeit gefordert würde?

Lieber Herr, erwiederte Plattenbach freundlich, ich habe in meiner Jugend schon gar viel über Seereisen und Schiffscapitäne gelesen, und von Männern die große Seereisen gemacht und denen man volles Vertrauen schenken darf. Diese sagen, daß die Capitäne und Steuerleute gar oft ihre Gewalt überschreiten und mißbrauchen, daß sie oft, wegen kleinen Fehlern, ihre Untergebenen auf die schrecklichste Weise züchtigen, und wenn sie betrunken, was sehr oft der Fall sei, Passagiere mißhandelten, ohne von den Rhedern oder der Regierung zur Verantwortung gezogen zu werden. Es gebe aber auch Ausnahmen. Ich habe von Schiffscapitänen gelesen, die streng ihre Pflichten erfüllten, ihre Leute in Zucht und Ordnung hielten, ohne sie zu tyrannisiren, solche Capitäne seien aber, besonders in unserer Zeit, eine Seltenheit.—Schön gebrummt, sagte der Fremde lächelnd, nun möchte ich aber, wenn ich fragen darf, wissen, welche Bedingungen ihr jungen Leute stellt, wenn man euch unentgeldlich die lange Reise nach Pennsylvanien mitmachen läßt. Weiter Nichts, erwiederte Plattenbach, verdrießlich, als daß wir, wenn wir die Arbeiten die uns aufgetragen werden, und in unserer Möglichkeit liegen, treulich und ohne Murren ausführen, dann auch human behandelt werden. Und ferner glauben wir, da mein Freund ein Zimmermann und ich ein Grobschmied bin, wir auch, außer der gewöhnlichen Arbeit, dem Schiffe nützlich sein können.

Das Gesicht des Fremden, welches bisher so mürrisch ausgesehen, erheiterte sich jetzt immer mehr, und dem guten Bäcker wollte das Schmunzeln nicht mehr vom Munde, als der junge Bursche so fest und ohne alle Scheu dem Fremden geantwortet hatte. Nun erhob sich auch der Heilbroner, welcher bis jetzt ruhig zugehört, und sagte: Einmal für Allemal, mit dem Markus gehen wir nicht nach Amerika, denn der Capitän oder Steuermann, den wir auf dem Schiffe gesehen, hat uns allen Respekt eingeflößt. Nun! nun! nur nicht so hitzig, bemerkte der Fremde, ihr habt einmal Lust nach Amerika und ich bin sicher, daß ihr, da ihr für eine neue Ansiedlung so gute Handwerke habt, es euch gut gehen wird; wollt ihr durchaus nicht mit dem rohen Menschen, den ihr auf dem Markus gesehen habt, gehen, so reiset mit mir, ich bin auch ein Schiffscapitän, verspreche euch, daß ich eure Bedingungen treulich erfüllen

(1)

werde, und gebe euch unsern Bäckermeister zum Bürgen. Dankbar wollten wir ihr Anerbieten annehmen, erwiederte Plattenbach, aber unsere Absicht ist nach Penns Ansiedlung in Pennsylvanien zu gehen, und dorthin werdet ihr wohl nicht segeln, denn die einzige Gelegenheit dahin, die jetzt im Hafen von Rotterdam sich bietet, ist das Schiff Markus, und bis ihr abreist, wird es uns wohl zu lange dauern. Ho! ho! lachte der Fremde, meine Absicht ist es, schon in drei bis vier Tagen von heute aus dem Hafen von Rotterdam zu segeln und nach Philadelphia zu steuern, und hoffe ich, wenn das Wetter mir günstig, ehe drei Monate vergehen, dort zu landen.

Die jungen Deutschen sahen sich betroffen an, doch, als sie das Schmunzeln wieder auf des Bäckers, ihres Freundes, Gesicht sahen, riefen sie beide freudig, wir gehen mit! wir gehen mit! werden unsere Pflicht treu und redlich erfüllen, mag der Markus hingehen wohin er will.— Bei dem freudigen Ausdruck der jungen Männer klatschte der Bäcker in die Hände, und konnte sich des Lachens nicht erwehren, der Fremde aber streckte ihnen die Hand entgegen und sagte: Schlagt ein, ihr wackern Gesellen, das deutsche Sprchwort, ein Mann, ein Wort, soll gelten, wir wollen treulich einander Wort halten. Die jungen Leute drückten freudig die dargebotene Hand, und dem Bäckermeister, welcher Augenzeuge der Scene war, glänzten Freudenthränen in den Augen.

Damit ihr Jungens aber auch wißt, mit wem ihrs zu thun habt, so sage ich euch, daß ich Caspar Sauter heiße und der Capitän des Schiffes Markus bin.

Erschrocken und verlegen blickten sich die jungen Leute einander an, der Capitän aber fuhr fort: Fürchtet euch nicht vor mir oder meinem Steuermann, den rauhen Mann, den ihr gestern auf dem Schiffe gesehen, ist ein alter abgedankter Steuermann, der das Laden der Schiffe ausgezeichnet versteht und ist von Rhedern angestellt, unser Schiff zu laden.

Während sich die Gäste des Bäckers mit einander unterhielten, eilte dieser aus dem Zimmer, erschien aber bald wieder mit einigen Flaschen Wein, und seine Frau mit Butterwecken, lud dann seine Freunde freundlich ein auf allgemeines Wohlergehn ein Gläschen zu leeren, und bemerkte zugleich dabei, daß dieser Wein von dem berühmten Nierensteiner sei, der da droben am Rhein wachse. Sein Bruder sei Kellermeister in Nierenstein, habe ihm gewiß ein gutes Tröpfle von der edlen Gottesgabe gesandt, und wünsche er, daß es sich die Herren schmecken lassen möchten. In vino veritas, im Wein liegt Wahrheit, sagt der Lateiner.

Das Sprichwort bewärte sich auch bald bei dem Capitän, als er einige Gläser geschlürft, denn er hielt, wie man zu sagen pflegt, Nichts mehr hinter dem Berge, und bemerkte, was eine so weite und gefährliche Seereise betrifft, wie ein Capitän streng sein und den nachlässigen Matrosen strafen müsse, wenn er nicht pünktlich den Befehlen gehorche, denn geschehe ein Unglück, so wäre nicht der Matrose, sondern der Capitän dafür verantwortlich. Aus Muthwillen, wie es bei manchen Capitänen und Steuermännern der Gebrauch sei, könne er seine Untegebenen

Anſiedler.

nicht plagen, denn das mache bei der Mannschaft böses Blut und habe schon sehr üble Folgen gehabt. Er präge seinen Leuten auch bei jeder Gelegenheit Gottesfurcht ein, und so sei er bisher immer glücklich durch die schlimmsten Stürme gekommen.

In froher Stimmung wurde die Tafel aufgehoben, man dankte dem Bäcker für seine Liebe, Freundschaft und gute Bewirthung; der Capitän ging auf sein Schiff und Plattenbach und Frey gingen zu ihrer Herberge, um sich zur Reise vorzubereiten.

Am nächsten Morgen, als sich die jungen Deutschen, in süßen Träumen für ihre Zukunft, ausgeruht, verließen sie ihre Schlafstellen und begaben sich mit ihrem Felleisen nach dem Schiffe Markus, wo sie vom Capitän und dem noch jungen, freundlich aussehenden Steuermann, herzlich begrüßt und ihnen ihre künftigen Schlafstellen angewiesen wurden, worauf man sie an die Arbeit stellte und die nothwendigen Anweisungen gab, die sie auch bald begriffen.

Der gute Bäcker Kübler verfehlte nicht, jeden Nachmittag das Schiff zu besuchen und sich nach dem Ergehen seiner jungen Freunde zu erkundigen, wo er jedesmal von dem Capitän und der ganzen Mannschaft begrüßt wurde.

An einem Samstag, als er abermals den Markus besuchte, erfuhr er vom Capitän, daß er am darauf folgenden Montag Nachmittag absegeln werde, worauf er den Capitän, Steuermann und seine beiden Landsleute bat, ihm noch einmal die Ehre und das Vergnügen zu erweisen, an demselben Abend noch eine kleine Mahlzeit bei ihm einzunehmen, welche Einladung auch mit Vergnü-

(1)

gen angenommen wurde. Zur bestimmten Zeit erschienen die Eingeladenen auch pünktlich in dem Hinterstübchen des Bäckerhauses, wo bereits des Bäckers Frau, eine ächte Tochter Hollands, das Stübchen schön geschmückt hatte. In der Mitte desselben stand ein massiver Tisch, mit den besten Speisen des Landes bedeckt. Bald saßen die Männer an der reich bedeckten Tafel und ließen sich die vorzüglich zubereiteten Speisen und den Nierensteiner trefflich schmecken.

Der Steuermann, welcher früher auf deutschen Schiffen gedient hatte, sowie der Capitän, sprachen Deutsch, und nachdem man sich vollkommen gesättigt und der Rest der Speisen abgetragen war, nahm Letzterer das Wort und sagte: Lieber Herr Kübler, der Sie stets, wenn wir von hier abreisten, unser Schiff mit vorzüglichem Brod und dem besten Zwieback versorgt und uns immer so freundlich aufgenommen haben, danken wir herzlich, und wünschen Ihnen sowie Ihrer Familie stets das beste Wohlergehn, bis Sie einst der Herr abruft, was noch lange nicht geschehen möge. Auch Ihrer lieben Frau, die selbst gegen unsere rauhen Matrosen, die sie in meinem Auftrag besuchten, so freundlich war, daß sie des Lobes nicht genug zu sagen wußten, wenn sie zurückkamen, auch ihr danken wir herzlich; möge das Glück nie von euch weichen.

Der Capitän erzählte nun, daß seine Voreltern aus Bingen am Rhein stammten, sein Großvater dort Kaufmann gewesen sei, und da ihm ein besserer Geschäftszweig in Rotterdam winkte, sei er dahin übergesiedelt. Der gute Mann hieß Caspar Sauter, sei durch Fleiß und Spar-

(1)

samkeit wohlhabend geworden und im 88ſten Lebensjahre
daſelbſt geſtorben. Dann brachte er ein Hoch dem deutſchen
Vaterlande.

Nach dieſer Anrede nahm der Steuermann das Wort
und ſagte: Ich bin in Holland geboren, kam aber ſchon
als junger Burſche zu einem Vetter nach Bremen, wo ich
die Schiffsſchule beſuchte und ſpäter auf ein Schiff ging,
um mich auch praktiſch für das Seeweſen auszubilden.
Ich machte mehrere Reiſen mit deutſchen Schiffen, da aber
der Seehandel damals in Bremen noch ſehr ſchwach be=
trieben wurde, ſo entſchloß ich mich nach Rotterdam zu=
rückzukehren, wo ich eine Zeitlang müſſig lag, dann aber
meinen guten Capitän Sauter hier fand, der mich als
zweiten Steuermann auf dem Markus anſtellte, und nach=
dem unſer erſter Steuermann geſtorben war, zu ſeinem
erſten Steuermann erhob.

Während ich hier brach lag, nahm ich mir vor, den
Rhein hinauf zu ſegeln und habe einen bedeutenden Theil
von Süddeutſchland beſucht, war in der Stadt Cöln,
Mainz, Straßburg, Mannheim, Stuttgart, Ulm, Augs=
burg, Heilbron, Frankfurt ꝛc. ꝛc. Ueberall wo ich mich
aufgehalten, habe ich geſehen, wenn die Deutſchen ein Feſt
veranſtalteten, auch der Geſang nicht fehlen durfte, um
dem Ganzen die gehörige Würze zu geben. Auch in den
Kirchen hörte ich herrliche Geſänge, welche die Seelen der
Andächtigen höher zu dem Schöpfer alles Guten, dem
lieben Gott, führen. Wie wäre es jetzt, wenn uns
unſere Schiffsjungen ein Lieblein zum Beſten geben wür=
den, denn wo giebt es einen Deutſchen in der Welt der

(1)

nicht singt? Bravo! rief der Capitän, der Steuermann hat recht, ergo! Herr Bäckermeister, und ihr Schiffsjungen, laßt los. Die drei Deutschen ließen sich auch nicht lange bitten, und nachdem sie sich über das Lied, welches sie singen wollten, besprochen, begannen sie:

> Ein gesundes frisches Blut
>   Hat ein fröhlich Leben;
> Giebt uns Gott das eine Gut,
>   Ist uns g'nug gegeben.
> Hier in dieser armen Welt,
>   Da die schönen Gaben
> Und das gülb'ne Himmelszelt
>   Wir nicht mehr woll'n haben.
>
> Ach ja, dann gebricht mir Nichts
>   Auch im Mißgeschicke;
>   Ich erfreue mich des Lichts
> Und der Sonnenblicke;
> Mein Gesicht sieht überall,
> Mein Gehör das höret,
>   Wie der Vögel süßer Schall
> Ihren Schöpfer ehret.

Dieses von den drei Deutschen so herrlich vorgetragene Lied, brachte die beiden Seeleute ganz in Entzücken, und mit Dankgefühl reichten sie den Sängern die Hände.

Man sprach dann noch über die Liebe der Deutschen für Gesang und Musik, bei welcher Gelegenheit der Bäcker bemerkte, daß, wo sich auch die Deutschen in der Welt zusammen fänden, das Lied und die Musik nicht fehlen dürfe. Man stieß dann die Gläser zusammen auf das Wohl aller deutschen Sänger.

(1)

Zu den beiden Deutschen aber sagte der brave Bäcker: Morgen ist Sonntag, wir haben in Rotterdam eine deutsche Kirche, wo gerade morgen das heilige Abendmahl gefeiert wird, und da ich auch überzeugt bin, daß eure Eltern euch religiös erzogen, so rathe ich, da ihr übermorgen eine so weite und gefährliche Reise antretet, zum Tische des Herrn zu gehn. Wenn ihr damit einverstanden seid, so will ich morgen in aller Frühe mit dem Pastor sprechen, ihr kommt dann pünktlich um neun Uhr zu mir, und ich führe euch zu der Kirche. Gewiß wollen wir dieses mit aller Freude thun, und sagen euch herzlichen Dank für die Aufmerksamkeit. Punkt neun Uhr waren die jungen Leute wohlgekleidet bei dem Bäcker, gingen mit zur Kirche und empfingen mit großer Andacht das Abendmahl. Sie mußten dann beim Bäcker noch das Mittagessen einnehmen und schieden von dem guten Manne mit dankbarem Herzen.

Der Capitän nahm hierauf wieder das Wort und sagte: Ihr Freunde, da es bereits spät geworden und wir nach unserm Schiffe zurückkehren müssen, und da es morgen und Montag noch viel zu thun giebt, so bitte ich die Sänger, zum Abschied uns noch ein Liedchen zum Besten zu geben, wozu sich diese auch nicht lange bitten ließen. Sie sangen:

> Auf ihr Matrosen die Anker gelichtet,
> Die Segel gespannt und den Compaß gerichtet,
>   Vaterland Adieu,
>   Scheiden thut weh.
> Morgen da geht's in die wogende See,
> Morgen da geht's in die wogende See.

(1)

Da draußen auf tobenden Wellen,
Schwankende Schifflein an Klippen zerschellen,
In Sturm und Schnee,
Wird's mir so weh.
Ach, wenn ich das Vaterland nur wieder seh'!
Ach, wenn ich das Vaterland nur wieder seh'!

Die schöne Melodie dieses Liedes, sowie der gelungene Vortrag desselben, erfreute die Zuhörer wieder aufs Angenehmste, und der Steuermann rief: Bravo, ihr deutschen Sänger! Wie wird sich unsere ganze Mannschaft freuen, wenn an den schönen Sommerabenden die See ruhig ist, und ihr uns einen so schönen Gesang zum Besten gebt.

Nun schlug die Glocke die Mitternachtsstunde und man nahm herzlichen Abschied vom braven Bäcker und seiner Familie, welche den Reisenden den Schutz des lieben Gottes und eine glückliche Wiederkehr wünschten.

(1)

Drittes Kapitel.
Die Seereise.

Wenn Sturm und Wind
Den Schiffer greift an,
Da denkt er dabei,
Daß die Hoffnung noch sei;
Denn, wie ging es denn hin, wie ging es denn her,
Wenn Hoffnung nicht wär?

In aller Frühe am nächsten Tage, an welchem das Schiff in See stechen sollte, begaben sich Frey und Plattenbach mit Erlaubniß des Steuermanns nach der Stadt, um sich noch einige nothwendige Sachen einzukaufen. Als sie dieselben gekauft, blieb ihnen in der gemeinsamen Casse noch ein hübsches Sümmchen, denn die jungen Leute waren sehr sparsam. Bei ihrer Wanderung kamen sie zufällig bei einer Musikhandlung vorbei, in welcher verschiedene Instrumente für sehr geringen Preis feil geboten wurden. Sinnend stand Frey plötzlich still und sagte: Bruder Bruchsaler, ich habe dich in der Herberge zu Cöln, wo wir zufällig zusammen trafen, die Geige spielen hören und so viel ich davon verstehe, spielst du recht brav. Wie wäre es, wenn du dir ein solches Instrument kauftest? Wenn wir dann auf dem Schiffe freie Zeit haben, hole ich meine alte Flöte aus dem Felleisen, öle sie ordentlich ein und wir würden uns dann in den müssigen Stunden recht angenehm unterhalten können und noch dazu der

Schiffsmannschaft Vergnügen bereiten. Recht so, Bruder Heilbroner, dein Einfall ist gut, gehen wir also hinein in die Musikhandlung, kaufen eine Geige und auch Musikstücke für Flöte und Violine arrangirt, sonst ist ja unsere Musik Pfuschwerk, und könnten wir auch in der schönen Kunst keine Fortschritte machen. Hast recht, Bruderherz, erwiederte der Heilbroner, und beide gingen in die Musikhandlung, wo sie Alles fanden was sie wünschten und für billigen Preis erstanden.

Kaum waren die Freunde auf dem Schiffe angekommen, so wurden auch schon die Segel gespannt und die Anker gelichtet, und majestätisch fuhr das schöne Schiff die lange Fronte der Stadt hinab, kam in einen Canal und erreichte gegen Abend den kleinen Seehafen von Helfingslies, wo es bis zum nächsten Morgen liegen blieb und von da mit einer guten Brise in die Nordsee segelte. Hier sahen unsre jungen Deutschen zum ersten Male das Meer, welches ihnen gar furchtbar schien, und schweigend baten sie den lieben Gott, daß er sie auf dem gewaltigen Elemente beschützen möge.

Wie gewöhnlich bei den ersten Seereisen, stellte sich auch bei unsern beiden Freunden die Seekrankheit ein, von welcher besonders Frey viel zu leiden hatte, und anfing, sich Vorwürfe zu machen, daß er das Vaterland verlassen habe, sich auf das gefährliche Meer begeben, um in ein fremdes unbekanntes Land zu gehen. Aber Plattenbach, der weniger zu leiden hatte, tröstete ihn, flößte ihm Muth ein, und stellte ihm die zu erwartende glückliche Zukunft vor, und sprach mit rührender Stimme:

(1)

Wer nur den lieben Gott läßt walten,
Und hoffet auf ihn alle Zeit,
Den wird er wunderbar erhalten,
In aller Noth und Traurigkeit.
Wer Gott, dem Allerhöchsten, traut,
Der hat auf keinen Sand gebaut.

Auch der Steuermann und Capitän besuchten den Kranken und versicherten ihn, daß die Krankheit gar nicht gefährlich sei, daß sie nicht lange daure, und seiner Gesundheit später bedeutend nützen werde. Es wurde den jungen kranken Leuten auch gar keine Arbeit zugemuthet, denn das Schiff segelte mit leichter Brise durch den englischen Canal dem Weltmeere zu, welches in vier Tagen erreicht wurde.

Plattenbach hatte sich zuerst wieder erholt, verrichtete mit großem Eifer die ihm zugewiesene Arbeit, und sorgte ganz brüderlich für seinen noch kranken Freund, der sich bei der guten Pflege bald wieder erholte.

Da das Weltmeer, welches unsere beiden Wanderer mit so großem Erstaunen beobachteten, nicht stürmisch war, und sie die Sonne so majestätisch aus dem Wasser aufsteigen und wieder untergehen sahen, bewunderten sie jetzt mehr als jemals zuvor die Allmacht des ewigen Gottes, und ihre Seelen waren ganz dem Wesen ergeben, das Alles geschaffen und regiert.

Da die Matrosen bei dem ruhigen Wetter nicht viel zu thun hatten, so beschäftigten sie sich mit Ausbesserung des Segelwerks, Plattenbach und Frey aber wurden angewiesen Ausbesserungen in den Schiffsräumen vorzunehmen, was sie auch mit großer Geschicklichkeit thaten, dazu noch höchst praktische Verbesserungen anbrachten, wodurch der Capitän und Steuermann sehr erfreut und beschlossen, da der deutsche Zimmermann und Schmied ihnen so nütz= lich seien, dieselben nur in höchster Noth Matrosenarbeit verrichten zu lassen.

Das Meer wurde fort und fort nur durch eine leichte Brise bewegt, und wenn auch das Schiff Markus nur lang= sam, doch in gerader Linie, vorwärts ging, so war die Be= mannung desselben in bester Laune, und Frey und Plat= tenbach übten sich öfters in der Musik mit Flöte und Geige, bei welchen Uebungen sich stets die Mehrheit des Schiffs= volks als Zuhörer einfand und hoch erfreut waren, eine so angenehme Unterhaltung zu haben.

Bereits waren vier Wochen auf hoher See verstri= chen und noch immer steuerte der Markus seinen ruhigen Cours fort, wenn auch langsam. Da winkte eines Tages der Steuermann die beiden Deutschen zu sich, führte sie in das Zwischendeck des Schiffes und flüsterte ihnen zu, daß morgen der Geburtstag des Capitäns sei, und man sollte demselben in der Nacht eine Serenade bringen und ihm Glück zu seinem Gebuatstage wünschen, was ihn ge= wiß hoch erfreuen würde; er bat sie, die Sache zu arran= giren. Mit Freuden zeigten sich die Schiffsjungen, wie der Steuermann die beiden jungen Leute zu nennen pflegte, bereit, dem Capitän eine anständige Serenade zu bringen und entwarfen folgendes Programm: Zuerst sollte ein schöner Choral gespielt werden, dann die Seeleute ein kräftiges Matrosenlied singen, dann wieder Musik folgen, und hierauf dem Capitän der Glückwunsch gebracht werden.

(1)

Der Steuermann war ganz mit dem Programm einverstanden und instruirte seine Matrosen. Es war eine herrliche Mondnacht, Windstille und die See ganz ruhig, als um die zwölfte Stunde die Serenade vor der Thüre der Capitäns-Cajüte gebracht wurde. Die Musikanten spielten die Melodie des schönen Chorals: Wie groß ist des Allmächtigen Güte, mit wahrer Meisterschaft, so daß alle Umstehenden tief gerührt wurden, hierauf sangen die Matrosen mit kräftigen Stimmen ein Seemanns-Danklied, und kaum war dasselbe beendet, so stand auch schon der Capitän, halb angekleidet, unter seinen Leuten, für die Ehre und das Vergnügen dankend, welches sie ihm erwiesen. Jetzt trat der Steuermann vor und brachte dem Capitän den Glückwunsch zu seinem Geburtstage, dem ein dreifaches donnerndes Hurrah der Matrosen folgte. Der Capitän befahl hierauf seinem Schiffskoch und Schiffsjungen, da das Wetter so warm und schön sei, der Mannschaft auf dem Deck ein Mahl zu bereiten, welchen Befehl der Steuermann erwartet hatte und deßhalb bereits schon seine Vorkehrungen getroffen. In wenigen Minuten hatte er mit Hilfe des Schiffszimmermanns einen langen Tisch mit Bänken errichtet, an welchem alle bequem sitzen konnten. Wohl sicher fiel ihm bei dieser Gelegenheit das schwäbische Sprichwort ein:

  Gut gesessen,
  Ist halb gegessen.

Bald saß die ganze Mannschaft des Markus an dem reichlich mit Speisen und Getränken gedeckten Tische und unterhielt sich, nachdem man sich gehörig gesättigt, mit

(1)

Scherzen, Erzählungen, Musik und Gesang, bis die Morgenröthe den neuen Tag ankündigte.

Der Capitän bemerkte nun, daß es Zeit sei, sich einige Stunden Ruhe zu gönnen, denn man sei in einer Meeresgegend, wo oft plötzlich Gewitterstürme eintreten, und dafür gerüstet sein müsse. Dieser Bemerkung folgten drei kräftige Hurrahs und fast Alle, außer der nöthigen Deckmannschaft, suchten ihr Lager auf.

Wenige Tage nach dieser Festivität kam man in die Nähe der Neufundland=Banken, wo dichte Nebel sich einstellten, das Meer immer unruhiger wurde, und bald ein furchtbarer Sturm losbrach, welcher zwei Tage und zwei Nächte ungeschwächt fortdauerte, während welcher Zeit die Matrosen schwere Arbeiten zu verrichten hatten, wobei die Deutschen sich kräftig betheiligten. Am dritten Tage ließ der Sturm nach und das Meer wurde wieder ruhiger; am vierten Tage stellte sich ein leichter Südwestwind ein, der das Schiff ruhig dem Lande zuführte. Da man nun hoffen konnte, das Land bald zu sehen, so waren unsere jungen Wanderer schon jeden Morgen bei Tagesanbruch auf dem Verdeck und blickten sehnsüchtig nach Westen hin um es zu entdecken, denn so gut sie auch auf dem Schiffe behandelt wurden, sehnten sie sich doch, recht bald ihren Bestimmungsort zu erreichen.

Endlich an einem frühen Morgen, als sie wieder auf dem Verdeck standen, erblickten sie in weiter Ferne einen blauen Streifen, welcher wie eine längliche Wolke aussah, die das Meer abzuschließen schien, und als sie mit großer Spannung dahin sahen, trat ein Matrose zu ihnen und

(1)

sagte: That is Land, America, the New World!—
Das Herz der jungen Leute jubelte, als die Sonne aufging und einen Streifen beleuchtete, der bald deutlich als Land zu erkennen war, und den sehnenden Reisenden einen entzückenden Anblick darbot.

>Ein glänzender Streifen mit Purpur gemalt,
>Erschien dem beflügelten Blick;
>Vom Golde der steigenden Sonne bestrahlt,
>Erhob sich das winkende Glück.

Viertes Kapitel.

Amerika.

>Amerika! o du herrliches Land,
>So lange der Menschheit unbekannt,
>Bewohnt nur von wenigen wilden Horden,
>Bist nun der Menschheit ein Segen geworden.

Es waren 88 Tage verflossen, seitdem der Markus Rotterdam verlassen, jetzt in die Delaware Bay einfuhr und mit günstigem Winde und der eingetretenen Fluth den Delaware Strom hinauf segeln konnte. Je weiter man hinaufsegelte erblickte man hier und da auf beiden Seiten des Stromes kleine Hütten, bemerkte Menschen, die emsig in deren Nähe beschäftige waren, sah Pferde und Rindvieh, die in den so tiefgrünen Wiesen weideten; alles dieses bot den Reisenden einen höchst reizenden Anblick dar. Auch begegnete man hier und da kleinen Schiffen und Booten, die mit weißen Menschen bemannt waren und lustig den Fluß auf= und abfuhren.

Hier kann ich es nicht unterlassen, von meiner Erzählung etwas abzuschweifen und Dasjenige einzuschalten, was der leider im Jahre 1877 verstorbene Herr Daniel Rupp, der sich so viele Mühe mit der genauen Beschreibung der Geschichte der ersten Einwanderer, besonders der Deutschen, gab, und dem wir so viel Dank schuldig sind, sagt:

„Es sind jetzt 280 Jahre verflossen, seitdem die ersten „weißen Menschen aus Europa den Delaware Fluß hin= „auffuhren. Diese Menschen waren Schweden. Sie fan= „den das Landen an beiden Ufern des Flusses sehr günstig „und den Boden zur Cultur ausgezeichnet, worauf sie be= „schlossen, sich hier niederzulassen und für sich und ihre „Nachkommen eine neue Heimath zu gründen. Die Indi= „aner waren die Eigenthümer des so schönen und guten „Landes, das sie nicht zu benutzen verstanden, waren aber „Frieden liebende Wilde, und betrugen sich gegen die „Bleichgesichter, welche sich in ihr Land drängten, nicht so „bösartig wie ihre rothen Brüder, die nordöstlich vom „Delaware Strom wohnten. Für eine Yard Baize, einige „Glasperlen, ein rothes Band, oder eine Flasche Brann= „tewein, sicherten die Chiefs der Leni Lenaps, so hieß „der Stamm der Indianer, welche damals in der heuti-

(1.)

„gen Umgebung der Stadt Philadelphia und an den bei=
„den Ufern des Delaware hinab, bis nach dem jetzigen
„Wilmington ihre Jagdgründe hatten, den Weißen 400
„Acker Land und versprachen ihnen allen Schutz.

„Die Weißen nannten nun das Land Neu Schweden,
„erbauten, so gut sie konnten, Blockhütten, arbeiteten mit
„großem Eifer an der Cultur des Landes, und waren in
„kurzer Zeit, da das Land so vieles Wild hatte und sehr
„fischreich war, außer Nahrungssorgen. Immer kamen
„mehr und mehr ihrer Landsleute nach dem neuen Lande,
„das in der alten Heimath einen so großen Ruf erhalten.
„Es wurde auf der Insel Tinikum im Delaware=Strom
„ein Gouvernements=Gebäude errichtet, wo die Angele=
„genheiten der Colonisten berathen wurden. Dieses Ge=
„bäude wurde im Jahre 1638 gebaut, welches noch in
„spätern Jahren unter dem Namen Prince Hall sehr
„bekannt war. Auch waren es die Schweden, welche in
„dieser Gegend die ersten Gotteshäuser erbauten, von
„welchen noch heute eines in dem untern Theile der Stadt
„Philadelphia steht und die Schwedenkirche genannt wird.

„Zu den Schweden gesellten sich nun auch die Hollän=
„der, von denen im Jahre 1655 eine bedeutende Anzahl
„den Delaware herauf kam, und sich am Delaware Ufer,
„wo jetzt Kensington, eine Vorstadt Philadelphia's, steht,
„niederließen.

„Da die Holländer daselbst ausgezeichnete Bäume für
„den Schiffsbau fanden, so waren sie in ihrem Elemente,
„und sobald sie den Boden um ihre Hütten zum Anbau für
„Frucht urbar gemacht, begannen sie Boote und kleine

„Schiffe zu bauen, mit denen sie lustig den Strom auf=
„und abfuhren. Später, als die Engländer mit Gewalt
„von dieser Landesstrecke Besitz genommen, und ein großer
„Theil derselben an William Penn übermacht war, zogen
„sich die Schweden westlich, in das jetzige Montgomery
„County; die Holländer aber wanderten nordöstlich, dem
„jetzigen New York, zu."

Kehren wir wieder nach dieser Abschweifung zu unserer Erzählung zurück.

Endlich hatte der Markus die Stelle im Delaware Fluß, in der Nähe der englischen Ansiedlung, erreicht, wo er Ankter werfen konnte, und bevor noch die Ankerketten hinab=
rasselten, stand auch schon das ganze Völkchen der Ansied=
lung am Ufer und begrüßte freundlich durch allerlei Zei=
chen die Neuangekommenen. Wenn damals ein Schiff von Europa anlangte, war es ein großes Ereigniß für die Colonisten.

Plattenbach schrieb später seinen Eltern über die An=
kunft auf Amerika's Boden Folgendes: „Kaum waren wir an's Land gestiegen, so wurden wir von den Coloni=
sten auf das Allerfreundlichste begrüßt; sie führten uns in ihre Hütten und bewirtheten uns mit dem Besten was sie hatten. Sehnsüchtlich frugen sie sehr oft: Werden wir bald von England oder sonst woher durch Emigranten ver=
stärkt werden? und als ihnen der Capitän erklärte, daß ich ein Schmied, mein Freund ein Zimmermann sei, und daß wir beiden jungen Männer bei ihnen bleiben und sich in der Ansiedlung nützlich machen wollten, da war der Freude kein Ende, jeder wollte uns in seiner Hütte beher=

(1)

bergen. Jetzt sahen wir ein, wie klug wir gethan, uns auf der langen Seereise bemüht zu haben so viel als möglich Englisch zu lernen, und sagten dem Matrosen, der unser Schulmeister gewesen war, dafür herzlichen Dank."

Nachdem sich die Schiffsmannschaft einen Tag ausgeruht, wurde das Schiff ausgeladen, wobei die beiden Deutschen kräftig mitarbeiteten, bis Alles sicher an Ort und Stelle gebracht war, worauf der Capitän denselben vieles nützliche Handwerkszeug und an zwei Centner Eisen, was den jungen Leuten das Nützlichste war, schenkte, denn zu jener Zeit war Eisen in Amerika eine Rarität, und das wenige Eisen, welches in der Ansiedlung zu haben war, kam von England.

Die jungen deutschen Männer wurden bei einer alten Quäkerfamilie, welche keine Kinder hatte, aufs Beste einquartirt, gingen aber schon am nächsten Morgen zur Arbeit, wo man sie am dringendsten verlangte, denn in der ganzen Ansiedlung gab es weder einen Zimmermann noch Schmied, und somit hatten die Beiden, wie man zu sagen pflegt, die Hände voll zu thun.

Eines Tages suchte sie Capitän Sauter auf und sagte ihnen, daß er am folgenden Tage mit der Fluth die Anker lichten werde, um nach Rotterdam zurückzukehren, da er die wenige Fracht, welche meistens aus Fellen und Hirschgeweihen bestand, bereits eingeladen, wenn sie ihm daher Briefe an ihre Eltern mitgeben wollten, er dieselben sehr pünktlich besorgen wolle. Sogleich machten sich die jungen Leute daran an ihre lieben Eltern zu schreiben, auch wurde der gute Bäcker in Rotterdam nicht vergessen, man sagte ihm besonders Dank für seinen guten Rath, sowie für die Liebe und Freundschaft die er ihnen erwiesen, dazu schickten sie ihm einige der schönsten Buffalo-Häute, welche in der Ansiedlung zu finden waren. Sie brachten noch am nämlichen Abend Alles auf das Schiff, wo ihnen der Capitän nochmals versprach, das ihm Anvertraute pünktlich besorgen zu wollen. Der Abschied der beiden Deutschen von ihren Reisegefährten war ein sehr rührender, denn man hatte sich gegenseitig schätzen und lieben gelernt; doch wurde der schmerzliche Abschied dadurch etwas gelindert, als der Capitän erklärte, daß, wenn nichts Besonderes dazwischen komme, hoffe er noch vor Ankunft des Winters wieder hier zu sein, da seine Rückfracht in Rotterdam schon wieder bereit läge, und nach einem Aufenthalt von ein paar Wochen wieder absegeln könne.

Als der Markus seine Anker lichtete, stand wieder die Bevölkerung des zukünftigen Philadelphia's am Ufer des Delaware, den Abgehenden alles Glück zur Reise in's alte Vaterland wünschend und baldige glückliche Zurückkunft in das neue.

Fünftes Kapitel.
Die Deutschen und die Indianer.

Wir Menschen sind ja alle Brüder,
Ein jeder ist mit uns verwandt.

Nachdem unsere deutschen Handwerker ihren Nachbaren geholfen, wo die Arbeit am nöthigsten war, beschlossen sie sich auch ein Hüttchen zu bauen, daneben eine Schreiner- und Schmiedewerkstätte, worin sie zu jeder Jahreszeit und bei jedem Wetter arbeiten könnten. Als dies in der Ansiedlung bekannt wurde, eilten die guten Leute herbei, boten ihnen Holz, Lehm und Alles was zum Bau nothwendig war, auf die freundlichste Weise an, und als man an's Werk ging, eilte Jung und Alt herbei, unterwarf sich den Anweisungen des Zimmermanns Frey, brachte das nöthige Holz herbei, grub, zimmerte und schleppte mit allem Fleiß herzu, was nothwendig war, bis die Hütte und Werkstätte ganz vollkommen unter Dach stand. Die jungen Männer dankten dann Gott und ihren Nachbaren auf die herzlichste Weise.

Da sich in der neuen Ansiedlung noch kein ordentliches Gotteshaus befand, boten sie sich an, wenn die Colonisten das nöthige Baumaterial liefern wollten, sie zu jeder Zeit

(1)

bereit seien, nach besten Kräften ein solches zu bauen und mit Gottes Hülfe zu vollenden.

Das Hüttchen und die Werkstätten unserer beiden Freunde standen an der jetzigen Front= und Archstraße, neben einer herrlichen Quelle und wurde von einigen riesigen Kastanienbäumen beschattet. Vom Hüttchen aus hatte man eine herrliche Aussicht auf den Delaware und das gegenseitige Ufer.

In den Werkstätten wurde vom frühen Morgen bis spät in die Nacht gehämmert und gehobelt, um die vielen verschiedenen Aufträge auszuführen, die sie erhielten. Hülfe konnten sie nicht bekommen, da Jedermann in der Ansiedlung genug für sich zu thun hatte; so mußte oft der Zimmermann beim Schmied und dieser wieder beim Zimmermann den Handlanger machen; trotzdem konnten sie mit allem Fleiß nicht alle Aufträge ausführen die ihnen gemacht wurden.

Als sie eines Tages wieder fleißig beim Schmieden waren, trat ein kräftiger junger Indianer unter die Thüre der Schmiede, welcher durch das Hämmern dahin gelockt war und sah mit großem Erstaunen zu, wie die beiden Bleichgesichter auf das glühende Eisen schlugen, daß die Funken davon flogen und es endlich in eine Form gebracht wurde. Als der Schmied den jungen Wilden so erstaunt unter der Thüre gewahrte, da winkte er ihm freundlich zu näher zu kommen, welcher Einladung der junge Indianer ängstlich folgte. Als ihm dann der Schmied in freundlichster Weise eine Axt, eine Haue, ein großes Messer zeigte und ihm mit allerlei Zeichen erklärte, daß diese In=

(1)

Ansiedler.

strumente aus dem glühenden Eisen gefertigt seien, erstaunte der junge Wilde noch mehr, und drückte seine Bewunderung durch verschiedene Gestikulationen und dem Deutschen unverständliche Laute aus.

Am nächsten Morgen in aller Frühe stand der junge Rothmann schon wieder unter der Thüre der Schmiede und beobachtete die Arbeiten der beiden Bleichgesichter mit der größten Aufmerksamkeit. Wenn er sah, daß etwas Schweres zu heben oder zu tragen war, eilte er sogleich herbei und half, und war hoch erfreut, wenn ihn die Handwerker Hand anlegen ließen.

So vergingen mehrere Wochen. Minsi Usquerat, so hieß der junge Indianer, (das bedeutet in deutscher Sprache „Sanfter Wolf") kam jeden Tag in die Werkstätte der Deutschen, suchte überall zu helfen und war hoch erfreut, wenn er in der Schmiede tüchtig auf das glühende Eisen schlagen, oder in der Zimmermanns-Werkstätte ein Stück Holz durchsägen durfte, wofür ihm die Deutschen an ihrer Mahlzeit Theil nehmen ließen, ihm eine ordentliche Schlafstelle anwiesen 2c., da sehnte er sich nicht mehr zu seinen rothen Brüdern in die Wildniß zurück. Er machte eine große Ausnahme von seinen Stammgenossen, welche die Arbeit so sehr scheuen.

Minsi Usquerat gehörte dem Stamme der Leni Lenaps an, welcher in jener Zeit und in jener Gegend der zahlreichste der Rothmänner war, und sehr friedliebende Leute waren, die oft mit Fellen, Hirschgeweihen, geflochtenen Körben 2c. 2c. nach der Ansiedlung am Delaware kamen, und dagegen Teppiche, Schmucksachen und Lebensmittel eintauschten und dann wieder ruhig nach ihren Lagerstätten zurückgingen.

Eines Tages kamen auch einige der Leni Lenaps in die Schmiede und waren ganz erstaunt, einen der Ihrigen bei den Bleichgesichtern zu finden und mit denselben arbeiten zu sehen. Sie machten ihm Vorwürfe, daß er sich zu einem Sklaven der Weißen gemacht, anstatt bei seinem Stamme zu bleiben und als freier Mann zu leben. Minsi Usquerat aber erwiederte: Ich bin kein Sklave irgend eines Menschen, ich stehe des Morgens auf mit diesen bleichen Männern, esse mit denselben, was sie essen, gehe mit ihnen an die Arbeit; kommt die Nacht, so lege ich mich mit ihnen schlafen, geh mit ihnen Fischen und Jagen, und bin ich ein Sklave, so sind die Bleichen auch Sklaven, denn sie thun das Nämliche was ich thue, und ich wünsche, daß alle meine rothen Brüder solche Sklaven wären, dann ginge es ihnen gewiß besser als jetzt, wo sie in der Idee leben, freie Menschen zu sein, aber oft von Hunger, Frost und Krankheiten heimgesucht werden.

Der junge Mann schenkte dann mit Einwilligung seiner bleichen Freunde seinen rothen Brüdern ein Beil, ein starkes Messer und einige aus Eisen verfertigte Fischangeln, worüber die Wilden, besonders über das letztere Geschenk, erstaunt waren, da sie noch niemals solche Angeln gesehen, und zum Fischen nur Vogelsklauen benutzten. Beim Abschiede baten die Wilden den jungen Mann, doch seine bleichen Freunde einmal nach ihrem Dorfe zu bringen.

Der Spätherbst war gekommen und mit ihm die Jagd auf Hochwild, die Erntezeit der Indianer, und da Minsi

Usquerat seit seiner Knabenzeit in jedem Jahre die Jagden mitgemacht, so bat er seine weißen Freunde, daß sie ihm erlauben möchten, bei den Vorbereitungen zur Jagd in dem Lager seiner Stammgenossen behülflich sein zu dürfen, und versprach, in wenigen Tagen wieder zurückzukehren. Gerne willigten die Deutschen in das Gesuch ihres jungen Freundes, und sagten, daß sie ihm verschiedene Waffen anfertigen wollten, welche seinen Stammgenossen zur Jagd sehr nützlich sein könnten, und er dieselben dem Häuptling seiner Nation als Geschenk überbringen solle; sie wollten dann, wenn seine rothen Brüder von der Jagd zurückgekehrt seien, mit ihm das Indianerdorf besuchen.

Als nach wenigen Tagen das Jagdgeräthe fertig war und der junge Indianer Anweisung über den Gebrauch desselben erhalten hatte, packte er dieselben auf den Rücken, nahm herzlichen Abschied und schritt rasch durch die Waldwege dem Indianerdorfe zu, welches er auch nach einem Marsche von etwa vier Stunden glücklich erreichte. Als die Indianer ihren jungen Stammgenossen so voll gepackt in das Dorf eintreten sahen, wurden sie außerordentlich neugierig, zu sehen, was derselbe aus der Ansiedlung mitbringe, richteten allerlei Fragen an ihn, aber er beantwortete keine derselben, sondern eilte mit raschem Schritt dem Wigwam des Häuptlings zu, welchem er, mit einem Gruß der bleichen Leute, daß ihn der „Große Geist" beschützen möge, die Geschenke übergab.

Tamane, so hieß der Häuptling des Leni Lenaps Stammes, war ein Mann im besten Alter, eine hohe, kräftige Gestalt, mit außerordentlich scharfem Blick, welcher ein

Prachtexemplar der damaligen Indianer genannt werden konnte und sich durch seine redlichen Handlungen unter seinen Genossen den Namen To bi no nu (der Rechtschaffene) erworben hatte. Mit vielem Vergnügen betrachtete Tamane To bi no nu die Geschenke, welche ihm die Bleichen übersandt, und bat den Ueberbringer, da jetzt so viele Leute des Dorfes anwesend seien, er ihnen zeigen solle, wie diese Gegenstände zu gebrauchen seien, welches Verlangen der junge Mann augenblicklich erfüllte.

Er ging mit dem Häuptling und den so sehr Neugierigen vor den Wigwam, nahm zuerst einen Wurfspieß, warf ihn nach einem vierzig Fuß entfernten Baume, den er in der Mitte traf und so fest stecken blieb, daß man ihn nur mit Mühe wieder herausziehen konnte; hierauf legte er einen spitzigen eisernen Pfeil auf einen Bogen und schoß einen Raben, welcher auf einem entfernten Baume saß, herunter, was unter den Wilden sehr großes Erstaunen erregte. Gleich darauf hieb er mit einer Axt in kurzer Zeit einen Baum ab, machte mit einer Hacke in Geschwindigkeit ein tiefes Loch, zeigte dann zwei zweischneidige Messer, mit denen man dem Wolf, dem Bären, dem Panther schnell den Garaus machen könne.

Kaum läßt sich das Erstaunen der Indianer beschreiben, als sie alle diese Gegenstände, aus Eisen gefertigt, genauer betrachteten und ihre Schärfe prüften. Die Indianer kannten in jener Zeit das Eisen nur sehr wenig, ihre Pfeile, Streitäxte, Messer 2c. 2c., bestanden meistentheils aus harten Steinen, die sie mit großer Mühe und Geschicklichkeit verfertigten.

(1)

Als alle Vorbereitungen zur Jagd, die in diesem Jahre großartig waren, beendet, rief an einem frühen Morgen der Häuptling die Männer des Dorfes zusammen, und es kamen an hundert kräftige, wohlgerüstete Männer auf den Versammlungsplatz, denn man beabsichtigte in diesem Jahre bis hinauf nach den blauen Bergen zu gehen, wo noch ganze Rudel Hirsche, Wölfe, Bären, Panther, Füchse und hier und da auch noch Buffalos zu finden waren, besonders in den Ebenen unter dem Gebirge, in dem jetzigen Northampton und Lecha County.

Minsi Usquerat trat nun unter seine Stammgenossen, wünschte ihnen viel Glück zur Jagd und entschuldigte sich, daß er nicht mitziehen könne, weil er von den Bleichen noch Vieles lernen wolle, was später dem Stamme von großem Nutzen sein könne. Nachdem er dem Häuptling die Hand zum Abschiede gereicht, bemerkte dieser: Wenn wir von der Jagd zurückgekommen, werden wir deinen bleichen Freunden Gegengeschenke übersenden, und dann hoffe ich, daß du sie mal in unser Dorf bringst, denn ich habe viel Gutes von ihnen gehört. Nachdem die Jäger abgezogen waren, und bei den Frauen und Kindern nur einige alte Männer hinterlassen hatten, begab sich unser junger Indianer wieder nach der Ansiedlung zurück, wo er von den Deutschen auf das Freundlichste empfangen wurde.

Der Winter des Jahres 1680 auf 1681 war ein gar schrecklicher für die Ansiedler am Delaware. Die Ströme Delaware und Schuylkill waren lange fest zugefroren und die Schneestürme so außerordentlich stark, daß man in der Ansiedlung mehrere Tage nicht von einer Hütte zur andern kommen konnte, und litt besonders das Vieh große Noth, dem man nur mit vieler Mühe Futter bringen konnte. Glücklicherweise hatte sich Jedermann in der Ansiedlung reichlich mit Lebensmitteln und Brennmaterial versehen, so daß in dieser Hinsicht keine Noth war. Ehe noch das kalte Wetter eingetreten, waren die Indianer mit reicher Beute zurückgekehrt, und bevor der Schnee die Wege verdeckte, sandte der Häuptling den Deutschen als Gegengeschenke drei große Bärenhäute, Hirschfelle, Fuchshäute und treffliche Hirschschinken und ließ sie bitten, sobald das stürmische Wetter vorüber sei, sie doch das Indianerdorf besuchen möchten. Mit Dank wurden die Geschenke angenommen. Die Ueberbringer erhielten allerlei kleine Gegengeschenke mit dem Versprechen, sobald das gute Wetter eingetreten, sie das Dorf besuchen wollten.

Während des strengen Winters hatten die Deutschen in ihren Werkstätten wenig zu thun, machten daher einige Vorarbeiten und unterhielten sich mit Lesen und Musiciren. Der junge Indianer gab den Deutschen Unterricht in der Jrequois-Sprache, die damals die Hauptsprache der Indianer war, welche an der Küste des atlantischen Oceans wohnten. Dabei lernte Minsi Usquerat leicht die deutsche Sprache und auch etwas Englisch. Die jungen Deutschen hielten sich auch verpflichtet, dem Indianer Religionsunterricht zu geben, was Anfangs schwer hielt, denn er hing gar fest an dem „Großen Geist" der Indianer, der in den ewigen Wäldern walte, und dem tapfern Indianer, wenn er diese Welt verlasse, dort drüben große Jagdgründe geben werde. Doch nach und nach, als er die weisen Lehren des Weltheilandes besser begriff, wurde er ein eifriger Bekenner derselben. Er nahm auch den Namen Joseph mit Vergnügen an, als man ihm aus der Bibel die Geschichte Josephs vorgelesen hatte.

So verging den jungen Deutschen die schlimme Jahreszeit schnell, und als der Monat März herangekommen war, kamen auch warme Sonnenstrahlen die bald den Schnee schmolzen, das Eis in den Flüssen brach, so daß die Bewohner der Ansiedlung bald ihre Hütten verlassen konnten.

Da die jungen Deutschen außerhalb ihren Werkstätten noch keine Arbeiten zu verrichten hatten, beschlossen sie für die Indianer noch einige Gegengeschenke anzufertigen und sobald angenehmes warmes Wetter eingetreten sei, ihr Dorf zu besuchen.

Das Landgeschenk. — **Rising Sun.**

An einem schönen Frühlingsmorgen, als sich die Erde mit Blumen und Grün zu schmücken begann und sich die Blätter an den Bäumen entfalteten, verließen die drei jungen Männer mit den Geschenken für die Indianer die Ansiedlung am Delaware. Gleich hinter der Ansiedlung nach Norden war noch ein großer Urwald, durch welchen kein Weg, nur ein Indianerpfad führte, diesen schlug der Wegführer, Minsi Usquerat, von den Ansiedlern jetzt Joseph genannt, ein, erreichte nach wenigen Stunden ein schönes Thälchen, in welchem die Hütten der Leni Lenaps

(1)

standen, sie wurden von den Bewohnern derselben freund=
lich empfangen. Der Führer Joseph brachte seine Freunde,
ohne auf die vielen Fragen, welche die Wilden an ihn
richteten, zu antworten, oder sich aufhalten zu lassen, ge=
rade nach dem Wigwam des Häuptlings, welcher vor der
Oeffnung desselben stand und liebreich den Kommenden
die Hand entgegen streckte und nach herzlicher Begrüßung
in seine Wohnung führte.

Hier wurden die Geschenke auf die Bänke gelegt, die das
Innere des Wigwams umzogen, damit die gleich herbei=
gekommenen Indianer dieselben betrachten könnten. Nach=
dem die Ankömmlinge sich etwas ausgeruht und erfrischt
hatten, wünschte Joseph, daß man nun vor den Wigwam
treten möge, und er wolle seinen Stammgenossen zeigen,
wie die Geschenke zu gebrauchen seien.

War das Erstaunen der Leni Lenaps schon groß über
die Geschenke, die Joseph im Herbst vor dem Jagdzug ge=
bracht, wie viel größer wurde es nun, als sie die Sägen,
Hämmer, Spieße, Messer, Hacken und Hobel betrachteten,
und ihnen der Gebrauch gezeigt wurde.

Die jungen Deutschen hatten sich vor ihrem Abgang von
Rotterdam zwei Schießgewehre gekauft und sich gehörig
mit Munition versehen und beschlossen, eins derselben zu
den Geschenken zu geben, die sie den Wilden brachten.—
Joseph hatte die Handhabung derselben bei den Jagden,
welche er in Gesellschaft seiner bleichen Freunde machte,
genau kennen gelernt und begann nun seinen rothen Brü=
dern zu zeigen, wie man die Maschine, wie er das Gewehr
nannte, handhabe. Zuerst zeigte er die schwarzen Körner,

das Pulver, nahm eine gewisse Quantität in die Hand und ließ es in den Lauf rollen, dann setzte er, so daß es jeder sehen konnte, einen Papierpfropf darauf und stieß diesen mit einem Ladstock fest auf das Pulver, rollte hierauf eine Kugel in den Lauf, setzte auch auf diese einen Pfropf, hob das Gewehr auf, öffnete die Pfanne und goß auch auf diese die schwarzen Körner.

Die Wilden sahen mit der größten Aufmerksamkeit dem Treiben des jungen Mannes zu, konnten sich aber nicht erklären, wozu das Ding gebraucht werden sollte, denn sie hatten noch nie zuvor ein Schießgewehr gesehen. Als aber Joseph ein wenig zur Seite trat, das Gewehr aufhob, zielte, losdrückte und die Wilden den Blitz sahen, den Donner vernahmen, sprangen die Meisten davon, denn sie meinten, Minsi Usquerat habe den Blitz und Donner vom Himmel gezogen. Als aber der Häuptling beherzt die Schießwaffe in die Hand nahm, sie nach Anweisung lud und abschoß, da nahten sich die Geängsteten wieder, und die Beherztesten folgten dem Beispiele des Häuptlings. An die Stelle der Angst trat die Bewunderung, besonders als man sah, daß die abgeschossenen Kugeln so weit und so richtig das Gezielte getroffen hatten. Nach diesem ordnete der Häuptling einen Kreis mit seinen rothen Brüdern, stellte die Bleichen in die Mitte desselben, worauf einer der Aeltesten seines Stammes mit der Friedenspfeife erschien, woraus erst der Alte, dann der Häuptling einige Züge that, hierauf wurde sie den Bleichen gereicht, und nachdem diese ebenfalls einige Züge daraus gethan hatten, wanderte sie durch den ganzen Kreis der Wilden und kam wieder zu dem Aeltesten zurück, worauf dieser sagte: „Jetzt seid ihr unsere Brüder, der Bund ist geschlossen, daß wir treu und ehrlich gegen einander sein wollen; der „Große Geist" hat uns gesehen, wehe! wehe! wehe! wer den Bund bricht." Joseph verdolmetschte das Gesagte seinen bleichen Freunden, worauf diese im Kreise herumgingen und jedem der Rothmänner, als Zeichen des Einverständnisses mit demselben, die Hand reichten. Der Häuptling Tamane führte dann seine Gäste in den Wigwam, wo die Indianerfrauen ein Mahl für sie bereitet hatten, welches sie sich trefflich schmecken ließen, obschon es nur aus Hirschbraten und Erdknollen [wahrscheinlich süßen Kartoffeln], bestand, doch der Hunger ist ja der beste Koch.

Nach dem Essen unterhielt man sich noch eine Zeitlang mit rauchen, und als die Nacht herbeigekommen war, wurde den drei Männern aus der Ansiedlung ein treffliches Lager von den feinsten Bärenfellen bereitet, worauf sie bald in tiefen Schlaf versanken.

Am nächsten Morgen in aller Frühe wurde das Kleeblatt aus süßem Schlummer geweckt, und als die jungen Leute die Augen öffneten, stand der Häuptling Tamane vor ihnen, ersuchte sie aufzustehen und mit ihm einen Spaziergang zu machen. Es war ein klarer Frühlingsmorgen, die Sonne hatte sich noch nicht aus ihrem Bette erhoben, als der Häuptling mit noch zwei Indianern und seinen Gästen aus dem Wigwam traten und einen Hügel hinaufwanderten, von wo aus man eine reizende Aussicht auf die Umgegend hatte, die jetzt von der so eben aufgehenden Sonne prachtvoll beleuchtet wurde. Der Häuptling blieb nun stehen, und bat Joseph den bleichen Freunden zu verdolmetschen, was er sagen werde, und als der junge Mann dazu bereit war, begann der Häuptling wie folgt:

„Ihr bleichen Männer seid nicht zu uns gekommen, um „unsern Frieden zu stören, uns zu betrügen, oder schlechte „Sitten zu lehren, sondern ihr seid zu uns rothen Leuten „gekommen als ehrliche und nicht falsche Menschen. Ihr „habt uns nützliche und nothwendige Geschenke gebracht, „ihr habt einen unserer Leute in euren Wigwam genom=„men, habt ihn gut behandelt und manch Nützliches ge=„lehrt, was in der Zukunft uns große Vortheile bringen „muß. Der Rothmann ist nicht undankbar, wenn man „ehrlich gegen ihn ist, und so haben wir noch in letzter „Nacht, wo ihr bereits dem Schlafe in die Arme gesun=„ken, eine Rathsversammlung gehalten und beschlossen, „da wir die Eigenthümer dieser ganzen Gegend sind, eine „schöne Strecke von diesem Lande euch zum Geschenk zu „machen das euer rechtmäßiges Eigenthum sein soll, bis „der „Große Geist" euch in die ewigen Wälder ruft, und „soll es dann euren Nachkommen verbleiben bis in alle „Zeiten. Wollt ihr das Geschenk nehmen, da es aus gu=„tem Herzen kommt, so antwortet mit Ja!"

Joseph übersetzte nun die Rede des Häuptlings. Nachdem die jungen Deutschen dieselbe vernommen, antworteten sie mit einem herzhaften Ja! eilten zu dem Häuptling und reichten ihm die Hand, worauf dieser einen der mitgenommenen Indianer herberief, welcher mit einer Axt bewaffnet war. Man umschritt mit ihm das so schön gelegene Land. Derselbe bezeichnete den Umfang desselben

(1)

durch Einhauen an Bäumen, und als dieses geschehen war, gaben die Deutschen dem Orte den Namen „Aufgehende Sonne [Rising Sun] und hat derselbe bis heute noch den Namen Rising Sun.

Sechstes Kapitel.
Die Briefe aus Heilbron und Bruchsal.

Hoffnung, dir tönet mein Lied,
Engel, dem Himmel entblüht,
Schutzgeist im Thale des Lebens,
Winke mir nimmer vergebens.

Die jungen Deutschen waren wieder mit ihrem Gehülfen in die Ansiedlung zurückgekehrt, aber leider in trauriger Stimmung, denn Joseph hatte erklärt, daß er nur bis zur Jagdzeit bei ihnen bleiben könne, da seine Blutsverwandten in ihn gedrungen, zu seinem Stamme zurückzukehren, und mit Bitten und Vorstellungen nicht aufgehört hätten, bis er ihnen versprochen, bis zur Jagdzeit wieder zu ihnen zu kommen. Wir trennen uns ja nicht für immer, sagte der junge Wilde, auch wohnen wir nicht weit von einander, und unsere Freundschaft ist ja so groß, daß uns nichts in der Welt verhindern wird, uns öfters gegenseitig zu besuchen.

(1)

Eines Morgens im Monat Mai, als die drei jungen Männer wieder fleißig an der Arbeit waren, vernahmen sie den Ruf: Ein Schiff! Ein Schiff! und als sie vor ihre Werkstätte traten, sahen sie ein Schiff den Delaware heraufsegeln. Was beschreibt ihre Freude, das Schiff war der Markus. Rasch eilten sie an das Ufer, banden ein Boot los und ruderten darauf zu. Kaum hatte das schöne Schiff Anker geworfen, so waren sie auch schon bei demselben angelangt und wurden auch sogleich von der Mannschaft erkannt, von der sie mit kräftgen Hurrahs begrüßt wurden. Als sie an Bord gestiegen waren, fanden sie, daß keiner von der ganzen Mannschaft des letzten Jahres fehlte. Herzlich wurden sie auch vom Capitän begrüßt, und als die erste Freude vorüber war, ersuchte der Capitän seine früheren Schiffsjungen, wie er Frey und Plattenbach zu nennen pflegte, mit in seine Cajüte zu kommen, da er ihnen Neuigkeiten mitzutheilen habe. Als sie in die Cajüte des Capitäns getreten waren, fanden sie den Tisch schon mit einem frugalen Frühstück gedeckt, und nachdem der lustige Steuermann auch hinzu gekommen war, lud Capitän Sauter seine Gäste mit der Bemerkung zur Tafel, man solle erst essen, ehe man Nachrichten vernehme, denn diese könnten leicht den Appetit verderben.

Mit bestem Appetit wurde das Frühstück eingenommen, nach welchem der Capitän einen dicken Brief aus der Tasche zog und dabei bemerkte, daß er noch im letzten Spätherbst hätte nach der Ansiedlung zurückkommen wollen, die Ladung sei aber nicht geordnet gewesen, wie er erwartet, auch sei plötzlich eine große Kälte eingetreten und die Rhe=

der hätten beschlossen, das Schiff nicht abgehen zu lassen.
Er habe ihre beiden Briefe nach Bruchsal und Heilbron
pünktlich besorgt und denselben einige Zeilen beigelegt,
worin er gesagt, daß er erst im Frühjahr wieder nach
Amerika absegeln werde und von seiner Abreise pünktlich
Nachricht geben werde, im Fall man den jungen Ansied=
lern am Delaware etwas übersenden wolle. Vier Wochen
vor seiner Abreise habe er wieder nach Bruchsal und Heil=
bron geschrieben und bald darauf diesen dicken Brief nebst
einem Begleitungsschreiben erhalten, worin ihre Eltern
ihm den herzlichsten Dank gesagt, für die Liebe die er ihren
Kindern erzeigt. Einige Tage darauf sei ihm von dem
Heilbroner ein Fäßchen Wein von der Weibertreu zuge=
kommen, und habe der Freund Bäcker Kübler mit einem
Dankschreiben ein Fäßchen Affenthaler Rothwein von
Bruchsal erhalten. Von beiden Weinen habe er sechs
Flaschen für Frey und sechs Flaschen für Plattenbach mit=
gebracht. Nach diesem Bericht dankten die Ansiedler dem
Capitän in herzlichster Weise, worauf Plattenbach den an
ihn gerichteten Brief öffnete. Derselbe lautete:

Bruchsal, den 1. Februar 1681.
Lieber Sohn!

Wir haben Deinen Brief aus der Neuen Welt erhalten
und danken den lieben Gott, daß Du mit Deinem treuen
Freund so glücklich angekommen bist, und daß euch der
brave Capitän so gut auf der schrecklichen weiten Reise be=
handelt hat. Auch ihr werdet den lieben Gott gedankt
haben, daß er euch so glücklich geleitet. Wir alle sind, Gott
sei Dank, recht gesund. Bald nach Empfang Deines Brie=

(1)

fes ging ich nach Heilbron, um die Eltern Deines guten Freundes kennen zu lernen. Ich wurde dort, als ich mich zu erkennen gab, mit aller Liebe aufgenommen, und dankten sie mir mit Thränen in den Augen, daß ihr Sohn an dem meinigen einen so treuen Freund gefunden. Du sagst uns, daß wir alle nach dem schönen gesegneten Lande Amerika kommen sollten, wo keine Steuereintreiber, wo kein Fürst noch seine Beamten seien, die uns Vorschriften machen könnten, wo jeder nach seiner Ansicht den lieben Gott anbeten könne, es sei da kein Religionszwang, keine Polizei, und lebe man dort in Ruhe und Frieden; der Diebstahl sei ganz unbekannt, Fleiß und Arbeit ziere da den Menschen. Wir, sowie die Eltern Deines Freundes, wollen gerne zu euch ziehen, da wir hier mit jedem Jahre mehr gedrückt werden, und uns besprochen und vorgenommen, mit der ersten Gelegenheit, die geboten wird, zu euch zu kommen.

Deine liebe Mutter, deine Schwester Maria und dein Bruder Philipp grüßen Dich tausend Mal und beten täglich für Dich zum lieben Gott, daß er Dich schützen möge.

Dein treuer Vater,

Jakob Plattenbach.

Nach dem Vorlesen dieses Briefes standen Thränen in den Augen aller Anwesenden. Nun öffnete auch Frey seinen Brief, derselbe lautete:

Heilbron, den 6. Februar 1681.

Lieber Sohn!

Deinen Brief aus dem so weit entfernten Lande Amerika haben wir durch den so braven Capitän Sauter erhal-

ten und hat uns derselbe viele Freude gemacht, und als
einige Tage darauf der Vater deines so treuen Freundes
zu uns kam, da war der Freude kein Ende. Es muß nach
deiner Beschreibung dieses Amerika ein schönes Land sein,
und besonders hat es uns gefreut, daß ihr bei so guten
gottesfürchtigen Menschen wohnt, und daß selbst die wil=
den Indianer, welche in eurer Nachbarschaft wohnen, fried=
liebende Menschen sind.

Lieber Heinrich! Seit Du von uns fort bist, ist es in
unserm Süddeutschland viel schlimmer geworden, da jetzt
die vielen Verheerungen, welche die Franzosen angerichtet,
recht fühlbar geworden, und uns unsere Landesfürsten
noch dazu mit hohen Steuern plagen. Tausende würden
gerne das Vaterland verlassen, wenn sie Mittel zur Aus=
wanderung hätten. In letzter Woche war ein Kaufmann
aus Frankfurt bei uns, welcher erzählte, daß am Rhein
mehrere Familien einen Verein gegründet hätten, welche
der Einladung eines Engländers, Namens William Penn,
der die Gegend kürzlich besucht, Folge leisten wollen, und
sich auf dessen schönem Lande ansiedeln und eine neue
Heimath gründen wollen. Auf diese Nachricht ging ich
sogleich zu unserm Pfarrer, dessen Eltern in Worms am
Rhein wohnen, und bat ihn dringend sich zu erkundigen,
was Wahres an der Sache sei, und ob wir Gelegenheit
finden könnten, mit denselben nach der neuen Heimath zu
ziehen. Er sagte mir, daß Alles Wahrheit sei, denn er
habe von einem Eingeweihten erfahren, daß in dem Flecken
Griesheim bei Worms sich viele Leute zur Auswanderung
nach der Neuen Welt rüsteten. Als ich dann dem guten

(1)

Manne deinen Brief zu lesen gab, war er ganz erstaunt und sagte: daß Du auf dem Lande wohnetest, wohin die Auswanderer ziehen wollten. Es sei eine gute Schickung Gottes, daß er den Gedrückten ein so herrliches Land gezeigt. Wir und die Familie Plattenbach warten nur auf eine Gelegenheit, mit der uns der liebe Gott zu euch führen wird.

Dein Bruder Peter ist bei einem Schuhmacher in der Lehre und wird bald frei, 's Liesle träumt nur noch von Amerika, und das Cath'rinle, nun sechs Jahre alt, sagt jeden Tag, gehn wir bald zu unserm Bruder nach Amerika? Deine liebe Mutter, sowie Geschwister grüßen Dich alle herzlich und bitten den lieben Gott, daß er Dich schützen und behüten möge.

Dein treuer Vater,

Heinrich Frey.

Das Schiff Markus war wieder zur Rückreise nach Rotterdam segelfertig. Die Bewohner der Ansiedlung überreichten dem Capitän sowie seiner ganzen Mannschaft bei seiner Abreise allerlei kleine Geschenke, besonders bemühten sich die Deutschen, dem Capitän recht gefällig zu sein, denn der gute Mann hatte ihnen wieder ein gehöriges Gewicht Eisen zum Geschenk gemacht. Die jungen Leute hatten auch wieder Briefe für ihre lieben Angehörigen in Bereitschaft, die der Capitän pünktlich zu besorgen versprach. Beim Abgang des Schiffes stand wieder die ganze Bevölkerung am Ufer des Delaware, glückliche Reise und baldige Wiederkunft den Abgehenden wünschend.

(1)

Siebentes Kapitel.
Der Indianer Joseph nimmt Abschied.

Und müssen wir jetzt auch scheiden,
So soll's mit der Hoffnung geschehn,
Daß wir uns bald wiedersehn.

In den Werkstätten der Deutschen wurde wieder mit allem Fleiß gearbeitet, denn die Aufträge mehrten sich mit jedem Tage; sie versuchten jeden Auftraggeber so bald als möglich zu befriedigen. Die übrigen Bewohner der Ansiedlung beschäftigten sich mit der Ernte, sammelten fleißig für die Zeit der Noth, denn in jener Zeit waren die Winter, wo jetzt die Weltstadt Philadelphia steht, viel stürmischer, rauher und länger anhaltend, als in jetziger Zeit, woran wohl die unabsehbaren Wälder, welche die Ansiedlung umgaben, die Schuld trugen.

Der Herbst war herangekommen, schon trieben feuchte, rauhe Winde über das Land, und in dem Indianerdorf wurde es wieder recht lebendig, denn man rüstete sich zur Jagd, und da man jetzt die neuen Waffen hatte, so hoffte man diesmal auf einen reicheren Ertrag, als jemals zuvor.

Da sandte eines Tages der Häuptling Tamane einen Boten nach der Ansiedlung und ließ Joseph sagen, daß er jetzt, seinem Versprechen gemäß, zu seinem Stamme zurückkehren solle und zwar so bald als möglich, da sich die Leni Lenaps zur Jagd rüsteten und man ihn dabei nothwendig bedürfe. Diese Botschaft war den Deutschen sehr unangenehm, denn sie liebten den jungen Wilden wie einen Bruder, und außerdem war er ihnen in ihrem Geschäft sehr nützlich.

(1)

Mit vielen paſſenden Geſchenken für die Jagd beladen, begleiteten ſie ihren Freund in das Indianerdorf, wo ſie wieder von Jung und Alt auf die herzlichſte Weiſe begrüßt wurden. Der Häuptling dankte, im Namen ſeiner rothen Brüder, für die vielen und nützlichen Geſchenke, die ſie mitgebracht.

Am nächſten Tage kehrten die jungen Männer wieder nach der Anſiedlung zurück. Beim Abſchied verſprach Jo= ſeph, daß er bald nach der Jagd ſie wieder beſuchen werde.

Das Indianerdorf ſtand da, wo jetzt die Philadelphia Eiſenbahn nach Germantown ſich unter dem Städtchen Rising Sun um einen Hügel ſchlängelt, und dort ſoll noch, während des amerikaniſchen Befreiungskrieges, die Hütte und Schmiede geſtanden haben, in welcher der In= dianer Joſeph für ſeine Stammgenoſſen Aexte, Pfeile, Meſſer ꝛc. ꝛc. fertigte. Der Zahn der Zeit hat auch dieſe Hütte zermalmt, und kann heute nicht mehr genau der Platz angegeben werden, wo dieſelbe geſtanden.

Joſeph zog mit ſeinen Stammgenoſſen zur Jagd, die trotz den vielen Beſchwerden, welche das Wetter verur= ſachte, viel reichlicher ausfiel, als je zuvor, wozu die neuen Waffen am meiſten beitrugen. Nachdem man reichlich be= laden wieder in die Heimath zurückgekehrt war, begab ſich Joſeh nach der Anſiedlung, verkündete ſeinen bleichen Freunden die reiche Beute, welche die Leni Lenaps in die= ſem Jahre gemacht, und lud ſie im Namen des Häuptlings ein, recht bald das Indianerdorf zu beſuchen. Frey und Plattenbach nahmen mit Freuden die Einladung an und ſchon am nächſten Morgen in aller Frühe ſahen wir die drei Freunde dem Indianerdorfe zueilen, wo sie, wie immer, auf die freundlichste Weise begrüßt wurden. Der Häuptling hatte die Geschenke für die bleichen Männer in seinem Wigwam aufgestapelt, und sechs Indianer dazu bestellt, dieselben nach der Ansiedlung zu tragen. Nachdem die Ansiedler dem Häuptling den besten Dank gesagt, beschlossen sie, noch an demselben Tage zurückzukehren, da sie befürchteten, daß schlimmes Wetter eintreten könnte, und versprachen, bald wieder nach dem Dorfe zu kommen. Joseph begleitete seine Freunde eine Strecke Weges, während dem sie versuchten, den Indianer zu überreden, wieder mit ihnen nach der Ansiedlung zu gehen; was dieser aber auf das Betimmteste abschlug und sagte, er habe seinen Blutsverwandten das Wort gegeben, sie nicht mehr zu verlassen, und dieses müsse er halten.

Achtes Kapitel.
Die Ueberraschung.

Nichts im Leben ist so schön,
Als ein freudig's Wiedersehn.

Endlich, nach der so rauhen, langen, traurigen Winterszeit, kam der Frühling wieder und die Sonne sandte ihre wärmenden Strahlen auf die schöne Landschaft am Delaware. Es wurde in der Ansiedlung wieder lebendig. Das Eis war aus dem Delaware und der Schuylkill verschwunden, und lustig fuhren die Boote die Flüsse auf und ab. Man erfuhr auch, daß bereits Schiffe von Europa

Ansiedler.

bei den holländischen und schwedischen Colonien angelangt seien, und hegte die Hoffnung, daß auch bald bei der englischen Ansiedlung Schiffe landen würden. Bald wurde auch die Hoffnung erfüllt, denn nach einigen Tagen kam ein großer Dreimaster den Delaware herauf, ließ seine Anker vor der Ansiedlung fallen und wurde von den Ansiedlern herzlich begrüßt. Das Schiff kam von England, hatte mehrere Quäkerfamilien an Bord, und eine große Ladung verschiedener Gegenstände für die Ansiedlung.— Der Capitän berichtete, daß mehrere Schiffe von England und Holland unterwegs seien, auch, daß Herr William Penn, der Eigenthümer dieser Provinz, sich rüste zur Reise nach Amerika, und daß er bestimmt noch in diesem Jahre kommen werde, um die nöthige Anordnung für die Verwaltung der Provinz zu treffen. Mit großem Jubel wurden diese Nachrichten von dem Schweizer Dutzend der Ansiedlung vernommen.

Kaum war eine Woche verflossen, als man bald nach Mitternacht in der Ansiedlung wieder das Gerassel von Ankerketten hörte, und kaum begann der Tag zu grauen, so eilte auch schon Alt und Jung nach dem Flusse, von denen Frey und Plattenbach die Ersten waren, denn sie glaubten, daß das Schiff kein anderes sein könne, als ihr geliebter Markus. Sie wurden aber getäuscht und gingen mißvergnügt nach ihren Werkstätten zurück, nachdem sie noch erfahren, daß das Schiff ein holländisches sei aber nicht von Rotterdam komme.

Da das Wetter so wunderschön war, und die Arbeit nicht bringend, beschlossen sie, um ihre Mißstimmung über die Täuschung zu vertreiben, dem Indianerdorf einen Besuch abzustatten und nochmals das ihnen geschenkte Land genau in Augenschein zu nehmen. Still durchschritten sie den nun mit frischem Grün geschmückten Wald, erfreut durch den Gesang der Vögel, die jetzt zahlreich eingekehrt waren und ihre Herzen zum Dank des Allerhöchsten stimmten, der all das Schöne geschaffen. Bald hatten sie das Dorf erreicht, und als Joseph ihre Anwesenheit erfuhr, eilte er zu ihnen und begleitete sie nach dem Lande Rising Sun. Noch schöner als früher, kam ihnen jetzt das Land vor und waren stolz, die Eigenthümer desselben zu sein. Als sie dasselbe gehörig besichtigt und wieder nach dem Dorfe zurückgekehrt waren, klagte Plattenbach plötzlich, daß ihn eine große Angst überfallen, die er sich gar nicht erklären könne, es käme ihm vor, als zöge ihn jemand bei den Haaren nach der Ansiedlung hin, es sei dort gewiß ein großes Unglück geschehen. Da der junge Mann bei diesen Aeußerungen sehr blaß aussah, so überkam auch Frey ein sonderbares Gefühl, und auch er wünschte, schleunigst zur Ansiedlung zurückzukehren. Joseph, der die Angst seiner Freunde bemerkte, ließ sich's nicht nehmen, dieselben nach der Ansiedlung zu begleiten, und im Fall ein Unglück geschehen sei, ihnen hülfreich beizustehn.

Mit großer Eile schritten die drei jungen Männer der Ansiedlung zu. Beim Durchschreiten des Indianerweges durch den Urwald erreichten sie auf einer Anhöhe eine Lichtung, von welcher sie einen guten Theil der Ansiedlung übersehen konnten. Mit ihren scharfen Augen sahen sie, daß in derselben sich viele Menschen hin und her be-

(1)

wegten und bei näherem Hinzukommen gewahrten sie, daß das Gedränge um ihre Werstätten am schlimmsten war; ihre Angst steigerte sich daher so sehr, daß sie kaum noch ordentlich fortkommen konnten. Noch näher gekommen, bemerkten sie Männer, Weiber, Knaben und Mädchen beschäftigt, Kisten und Kasten in ihre Wohnung zu schleppen, sie konnten sich's gar nicht erklären, was das zu bedeuten habe.

Die drei Ankommenden wurden von einem der Männer, welcher vor den Werkstätten auf einer großen Kiste stand, bemerkt, und wie mit einem elektrischen Schlage flogen die Hüte der Männer und die Taschentücher der Frauen in die Luft. Noch wenige Minuten, und Heinrich Frey und Joseph Plattenbach lagen in den Armen ihrer lieben Eltern und Geschwister. Die so rührende Scene zu beschreiben, ist meine Feder viel zu schwach. Lachen und Weinen folgte durch einander, und unser Indianer Joseph, welcher noch nie eine solch herzliche Begrüßung gesehen, stand da wie eine Salzsäule.

Vater Plattenbach erzählte nun, daß sie mit dem holländischen Schiffe in der gestrigen Nacht wohlbehalten angekommen seien und berichtete, daß der brave Capitän Sauter ihnen die Reisegelegenheit verschafft und auf die väterlichste Weise für sie gesorgt, ihnen auch angerathen, was sie Nothwendiges mit in die neue Ansiedlung nehmen sollten.

Als man sich gegenseitig ausgesprochen, ging es wieder an das Hereinbringen der verschiedenen vielen Gegenstände in die Wohnung und Werkstätten der ersten deutschen An=

(1)

siedler in Pennsylvanien, und unter den Fleißigsten der Helfer war der Indianer Joseph, welcher von den Frauen und Mädchen mit großer Bewunderung betrachtet wurde, denn es war der erste Indianer, den sie sahen. Als alles Mitgebrachte unter Dach gebracht war, schlich sich Joseph davon, und eilte dem Indianerdorfe zu, am andern Morgen aber erschien er schon wieder und mit ihm zwei Rothmänner, welche schöne, weiche Felle brachten, die der Häuptling Tamane den neu Angekommenen zum Geschenk sandte und mit dem größten Danke angenommen wurden. Die Frauen bereiteten den Wilden, die sie mit Staunen betrachteten, ein Mahl und die Söhne der Wildniß ließen sich die Speisen, wie sie noch keine zuvor genossen, trefflich schmecken und kehrten dann wieder in ihr Dorf zurück.

Als die neu Angekommenen das Nöthigste geordnet, führten Heinrich Frey und Joseph Plattenbach ihre Eltern und Geschwister zu ihren Nachbaren in der Ansiedlung, wo sie überall auf die liebevollste Weise begrüßt wurden; als sie wieder nach Hause gekommen, dankten alle Gott, daß er sie zu so liebevollen Menschen geführt habe.

Jetzt wurde im Familienrath beschlossen, sobald als möglich das geschenkte Land zu besuchen, und fände man dasselbe für den Ackerbau passend, dann sollten die neu Angekommenen dorthin ziehen, sich daselbst Hütten bauen und dem Ackerbau sich widmen. Die jungen Handwerker jedoch, bis auf Weiteres, in der Ansiedlung Philadelphia bleiben.

(1)

Neuntes Kapitel.
Der Besuch auf dem geschenkten Lande.

Die Welt, sie ist so schön und hehr,
  Man sieht mit Freud' sie an,
Doch, wer sie ganz besäße, wär'
  Ein all zu reicher Mann.
Gar Mancher hat für seinen Sinn,
Genug an einem Plätzchen d'rin.

Es war ein gar herrlicher Sommermorgen, als die Familien Frey und Plattenbach in aller Frühe unter Joseph's Führung die Ansiedlung verließen, um nach dem Indianerdorf zu wandern, den Wilden Dank für das geschenkte Land abzustatten und dasselbe sorgfältig zu untersuchen.

Kaum hatte sich die Gesellschaft eine kurze Strecke von der Ansiedlung entfernt, so kamen sie auch schon in den Urwald mit seinen Baumriesen und dichtem, wildem Gestrüpp, durch welchen sich der Indianerpfad schlängelte, auf dem nur zwei Personen neben einander gehen konnten. Auf dem düstern Wege war bald eine gewisse Angst über die Wanderer gekommen, besonders wenn sich im Gebüsch ein Geräusch oder Rasseln vernehmen ließ, denn man hatte ihnen in der Ansiedlung erzählt, daß der Urwald noch Bären, Wölfe, Panther, auch gar bösartige Schlangen beherberge, doch der Führer beruhigte sie, indem er ihnen erklärte, wenn die Bestien die Stimmen mehrerer Menschen hörten, davon eilten.

Man war so beruhigt eine zeitlang fortgewandert, da ward der Wald lichter und die Sonne sandte ihre Strahlen zwischen den Riesenbäumen hindurch. Auch zeigten sich prachtvoll gefiederte Vögel überall, und den Gesang der

rothen Spottvögel, Zaunkönige ꝛc., die damals noch zahl=
reich in den Wäldern um Philadelphia zu finden waren,
hörte man überall.

Endlich hatte man eine reizende Waldschlucht erreicht,
in welcher eine herrliche Quelle aus einem Felsen hervor=
sprudelte, wo umgewehte Baumstämme und Felsblöcke
umherlagen, die zum Ausruhen freundlich einluden. Auf
den Rath des Führers machte die Schaar hier Halt, um
sich etwas auszuruhen, ehe man den Marsch auf das In=
dianerdorf fortsetze. In wenigen Minuten hatte sich die
ganze Gesellschaft, Männer, Weiber und Kinder, in der
schönen Schlucht gelagert und an dem trefflichen Wasser
erquickt.

Nachdem sich die beiden Familien genüglich ausgeruht,
wurde die Wanderung fortgesetzt, und bald erreichte man
eine andere Lichtung des Waldes, von wo aus man in nicht
weiter Ferne die Hütten der Indianer sehen konnte, auf
die man jetzt lustig zuschritt. Der Führer Joseph geleitete
die ganze Gesellschaft, nachdem sie die Hütten erreicht, so=
gleich nach dem Wigwam des Häuptlings, der bereits von
dem Kommen der Deutschen unterrichtet war. Die übrigen
Indianer, welche nichts davon gewußt, und eine so große
Menge bleiche Leute durch das Dorf wandern sahen, wa=
ren ganz erschrocken, beruhigten sich jedoch bald, als sie
sahen, daß Minsi Usquerat sie führte. Bald war der
Wigwam von neugierigen Indianern, Männern, Frauen
und Kindern umringt, und besonders konnte sich die weib=
liche Bevölkerung nicht satt sehen an der niedlichen Klei=
dung ihrer bleichen Schwestern.

(1)

Der Indianer Joseph, welcher mit großem Fleiß die deutsche Sprache so ziemlich erlernt hatte, machte nun im Wigwam den Dolmetscher, und erklärte dem Häuptling und den Aeltesten, welche in den Wigwam gekommen waren, daß die Deutschen gekommen seien, das geschenkte Land zu besehen und zu prüfen, und wenn dasselbe zum Ackerbau sich eigne, so wollten sie sich dort ihre Hütten bauen und gute Nachbaren ihrer rothen Brüder werden. Der Häuptling erwiederte: Wir wissen, daß diese Bleichen gute Menschen sind, wir heißen sie daher willkommen, und wenn sie ferner ihren rothen Brüdern treu bleiben, so wolle man sie nicht allein gegen die wilden Thiere, sondern auch gegen die bösen Menschen schützen.

In Begleitung des Häuptlings und einigen der Aeltesten der Leni Lenaps begab man sich auf die reizende Anhöhe, wo die große Strecke des geschenkten Landes lag, und als der Häuptling den Umfang desselben angedeutet, durchschritten die Familienväter Frey und Plattenbach dasselbe, um den Boden zu prüfen. Beide hatten schon im alten Vaterlande Ackerbau betrieben und konnten daher leicht ein Urtheil abgeben.

Nicht lange dauerte ihre Prüfung, sie hatten sich bald überzeugt, daß das Land ganz vorzüglichen Boden für den Fruchtbau habe, und als sie noch die riesigen Sykamore-Eichen und Kastanienbäume sahen, auch einige Quellen des besten Trinkwassers fanden, kehrten sie vergnügt zur Gesellschaft zurück und erklärten, daß das Land vortrefflich sei und hier sie ihre Hütten bauen wollten und gute Nachbaren ihrer rothen Brüder sein, die ihnen ein so herrliches

(1)

Geschenk gemacht. Als der Indianer Joseph dem Häuptling den Beschluß der deutschen Männer mitgetheilt, war dieser hoch erfreut.

Zehntes Kapitel.
William Penn.

Geleitet, ja durch Gottes Hand,
Gab Penn uns das so schöne Land,
Die Nachwelt dankt dem braven Mann,
Der so viel Gutes hat gethan.

Es war am 26. Oktober 1682, als Herr William Penn, der Eigenthümer der Provinz Pennsylvanien, bei New Castle, wo damals der beste Hafen am Delaware war, landete und mit großem Jubel empfangen wurde. Er hielt sich daselbst nur kurze Zeit auf, eilte dann der neuen Ansiedlung Philadelphia, der Stadt der Bruderliebe, wie er sie nannte, zu, wo man für seinen Empfang vorbereitet war. Er landete am Fuße der Marketstraße und wurde auf's Feierlichste empfangen und in das für ihn bestimmte Haus in der Lätitia Court geleitet.

Was Penn Gutes gethan, ist zu allgemein bekannt und unnöthig, hier zu wiederholen, nur sei nebenbei bemerkt, daß Frey und Plattenbach die meisten Arbeiten an dem Bau von Penn's erstem Hause gethan, daß der gute Mann oft mit den Deutschen verkehrte, und ihren Eltern auf das Rising Sun Land einen rechtskräftigen Titel gab. Mit Penn kamen auch mehrere deutsche Familien, welche der Quäkersekte angehörten, in's Land und gründeten später das Städtchen Germantown, welches bald durch deutschen Fleiß und Ausdauer aufblühte.

(1)

Herr Penn schloß auch einen freundlichen Vertrag mit den Leni Lenaps ab, nach welchem diese, nachdem sie reichlich entschädigt waren, bald nach ihren neuen Wohnsitzen am Lecha Strom zogen. Der Auszug der Indianer aus ihrer Heimath war ein höchst interessanter, besonders von den Gräbern ihrer Vorfahren, die in einer festen Umzäunung beigesetzt waren, und die Herr Penn zu beschützen versprach. Höchst rührend aber war der Abschied den der Indianer Joseph von seinen Freunden und deren Familien nahm. Nur die Hoffnung, sie bald wiederzusehen, erleichterte den Schmerz etwas, und er versprach, sobald der Stamm sich niedergelassen, und Alles geordnet sei, er sie wieder besuchen wolle.

Elftes Kapitel.

Das Leben auf den Farmen „Rising Sun." Die Hochzeiten.—Unerwarteter Besuch.

> Wie schön und gottgefällig ist es,
> Wenn Brüder einig bei einander leben.

Kaum waren zwei Jahre verflossen, seit die Familien Frey und Plattenbach nach ihrer neuen Heimath gezogen waren, so hatten sie auch schon durch Fleiß, Geschicklichkeit und Ausdauer in der so kurzen Zeit eine große Strecke der Wildniß zu fruchtbarem Lande umgeschaffen. Mit Hülfe ihrer Söhne hatte ein jeder sich auf seinem Lande ein niedliches Blockhaus nebst nothwendiger Stallung gebaut, Gärten angelegt, wilde Kirschen- und Aepfelbäume gepfropft, mehrere Pferde, Kühe, Schweine angeschafft,

(1)

und um die Häuser schwärmten zahlreiche Hühner, Enten und Gänse, auch an Wild war Ueberfluß in der Nachbarschaft, alle Noth war gehoben und man konnte auf eine glückliche Zukunft blicken. So lebten sie friedlich und wohlgemuth neben einander und halfen sich brüderlich und gegenseitig wo es dem Einen oder Andern fehlte.

An jedem Sonntag kamen die jungen Leute aus Philadelphia zu ihren Eltern auf die Farmen, wo sie stets mit Freuden empfangen wurden. Bei den öftern Besuchen begann nun auch der kleine Gott Amor sein Spiel mit diesen sowie mit den Bauernmädchen. Plattenbach schwärmte für die schöne Elise Frey, und Heinrich Frey wollte nicht mehr ohne die liebliche Maria Plattenbach leben, und da bei den Mädchen dieselbe Stimmung herrschte, so war der Bund bald geschlossen. Sie erklärten den Eltern ihre Verhältnisse, die sehr darüber erfreut waren. Man kam überein, daß die jungen Männer neben ihren Werkstätten in Philadelphia sich ein wohnliches Haus bauen sollten, und nachdem dieses eingerichtet, die Hochzeiten gefeiert werden sollten. In kurzer Zeit waren die Wohnungen hergerichtet, worauf ein Tag für die Hochzeiten bestimmt wurde.

Ein soeben aus Deutschland angekommener junger Prediger Namens Julius Falkner, vollzog die Trauungen auf den Farmen von Rising Sun, die nach alter deutscher Sitte gefeiert wurden, und zu denen alle alten Bekannten der Umgegend eingeladen waren, welche mancherlei Geschenke für die Neuvermählten mitgebracht hatten. Als nach der Trauung die Glückwünsche der Freunde und Bekannten empfangen waren, sah man, wie herzgezaubert, in

der Thüre einen großen, kräftigen Indianer in vollem
Schmuck stehen, hinter ihm erblickte man die Gesichter bemalter Rothhäute, welche mit Neugierde auf die Scene
blickten. Es war der Indianer Joseph, welcher unter der
Thüre stand. — Freudig eilten ihm Frey und Plattenbach
entgegen, und begrüßten ihn auf die herzlichste Weise.
Viele der Anwesenden, besonders der Pastor, waren ganz
erstaunt, als der Wilde in deutscher Sprache seine Glückwünsche den Neuvermählten darbrachte. Nach dem Glückwunsch trat Josephs Begleitung ein und bedeckte Stühle
und Tische mit Geschenken, die von allen Anwesenden bewundert wurden. Joseph erzählte hierauf seinen Freunden, daß der Stamm der Leni Lenaps am Lechafluß sich
niedergelassen habe, wo das Land sehr fruchtbar sei und er
seinen Stammgenossen keine Ruhe gelassen habe, bis zwei
große Felder zum Fruchtbau hergerichtet und mit indianischem Korn besäet, das im letzten Jahre gut gerathen und
ihnen viel Brod geliefert habe. Leider aber, fuhr Joseph
fort, wurde Tamane, unser braver Häuptling, schwer krank,
und fühlte, daß er bald hinüber wandern müsse in die
ewigen Wälder. Er ließ die Aeltesten zu sich kommen, ermahnte sie zum Frieden unter einander und mit Jedermann, und wünschte, daß, wenn ihn der „Große Geist"
abgerufen, sie mich zu ihrem Häuptling wählen und meinen Anordnungen folgen sollten. Wenige Tage nach diesem
Rath schloß der gute Tamane die Augen und wir begruben
ihn auf einem Hügel unter einem riesigen Eichbaume nach
Indianer Gebrauch. Nach der Trauerzeit erwählten mich
die Aeltesten unter meinem Indianer-Namen Minsi Us=

querat (Sanfter Wolf). Da Alles im Dorf in gehöriger Ordnung war, nahm ich mir vor, nach der Ansiedlung am Delaware zu gehen, um verschiedenes Nothwendige für unser Dorf einzutauschen. Als ich nach euren Werstätten kam, fand ich dieselben geschlossen; man sagte mir, daß meine Freunde bei ihren Eltern in Rising Sun wären und heute ihre Hochzeit daselbst feierten. Schnell nahm ich den Weg hierher und glücklicher Weise noch zu rechter Zeit.

Nach dieser Erzählung begaben sich die Neuvermählten und alle Gäste in's Freie, wo unter schattigen Kastanienbäumen ein kostbares Mahl eingenommen wurde. Die Stunde des Abschieds nahte. Die Neuvermählten rüsteten sich ebenfalls zur Abreise in ihre neue Heimath, begleitet mit dem herzlichsten Segen ihrer braven Eltern. Auch die Wilden brachen auf und Minsi Usquerat nahm Abschied von seinen treuen, alten Freunden.

———

Noch lange lebten die Familien Frey und Plattenbach auf ihren Farmen Rising Sun und in der Stadt Philadelphia glücklich und zufrieden, bis der Tod die schönen Banden zerriß, und Alle der Erde übergab von der sie genommen.

Die Hallischen Nachrichten, welche gar Vieles von den ersten deutschen Ansiedlern in Pennsylvanien erzählen, berichten, daß die Wittwe des Heinrich Frey noch im Jahre 1754 in Germantown wohnhaft war. Von der Nachkommenschaft derselben leben jetzt noch viele in Philadelphia. Die Plattenbach's aber scheinen ganz ausgestorben zu sein.

(1)